抖音运营
从0到1实战攻略

吴帝聪 / 著

中华工商联合出版社

图书在版编目(CIP)数据

抖音运营从0到1实战攻略 / 吴帝聪著. -- 北京：中华工商联合出版社，2021.1
ISBN 978-7-5158-2970-8

Ⅰ.①抖… Ⅱ.①吴… Ⅲ.①网络营销 Ⅳ.①F713.365.2

中国版本图书馆CIP数据核字(2021)第 004828 号

抖音运营从0到1实战攻略

作　　者：	吴帝聪
出 品 人：	李　梁
责任编辑：	胡小英
装帧设计：	周　源
责任审读：	李　征
责任印制：	迈致红
出版发行：	中华工商联合出版社有限责任公司
印　　刷：	北京毅峰迅捷印刷有限公司
版　　次：	2021 年 6 月第 1 版
印　　次：	2021 年 6 月第 1 次印刷
开　　本：	850mm×1168mm　1/32
字　　数：	200 千字
印　　张：	8.375
书　　号：	ISBN 978－7－5158－2970－8
定　　价：	24.90 元

服务热线：010－58301130－0（前台）
销售热线：010－58302977（网店部）
　　　　　010－58302166（门店部）
　　　　　010－58302837（馆配部、新媒体部）
　　　　　010－58302813（团购部）
地址邮编：北京市西城区西环广场 A 座
　　　　　19－20 层，100044
http://www.chgslcbs.cn
投稿热线：010－58302907（总编室）
投稿邮箱：1621239583@qq.com

工商联版图书
版权所有　侵权必究

凡本社图书出现印装质量问题，请与印务部联系。
联系电话：010－58302915

PREFACE 前言

如今，在互联网领域流行这样一句话："抖音5分钟，人间一小时。"抖音已经成为时下年轻人的聚集地，人们刷抖音就像"嗑瓜子"一样，单颗瓜子根本没法填饱人们的肚子，但当拿起一颗瓜子塞进嘴里，第二颗、第三颗也紧随其后，久而久之就成为一种习惯性动作，让人们根本停不下来。

抖音给我们的感觉大致如此。人们一旦刷起来，仿佛忘记了时间，仿佛忘记了整个世界。当前，抖音日活跃用户已经突破千万，在如此庞大的用户基础上，又催生了一种现象级的"网红效应"，使得"抖音同款"成为时下一些年轻人的标配。

正是基于这样的发展态势和市场需求，越来越多的企业，无论是大型企业，还是中小微企业，都开始向抖音伸出了橄榄枝，纷纷向抖音靠拢，寻求新的商机，希望能够正确运用抖音，使得更多的流量为己所用，为自身的发展前景、市场竞争指条明路。正因如此，使得"两微一抖"成为当前品牌商开展营销活动的标配，抖音已然成为众品牌割据的战场，谁都想在抖音上收割流量，独霸一方。

事实上，各品牌将抖音作为全新的运营阵地，主要是因为：

1. 抖音日活跃用户数量庞大

当前,抖音的日活跃用户数量已经达到3.2亿,这是一个非常大的流量基数。在现阶段,以往靠纯粹的颜值、跳舞、搞笑段子、搞怪行为等方式获取流量,已经不再奏效。在这种毫无价值流量获取方式所产生的红利消失之后,就会迎来全面的变革。营销红利则成为全新的抖音红利,所以抖音已经成为当前众多企业追逐盈利的重要阵地。

2. 抖音用户使用时间较长

抖音的日均用户时长已经达到了65分钟左右。而企业营销,最重要的一点就是使用户停留时间增长,这样就能让营销活动触及更多的用户。

3. 抖音为企业提供零成本服务

随着时代的发展,企业的运营成本越来越高,获取流量的难度也越来越高。而抖音却是一个为企业提供零成本实现内容分发和商业服务的最佳平台。尤其对于那些中小微品牌商来讲,抖音为其快速发展提供了绝佳的机会。

4. 抖音的商业化空间巨大

经过一段时间的发展,抖音的用户已成规模,成为短视频领域的一匹黑马,在行业中一路狂奔。然而,其用户群体具有显著的年轻化特点,年龄范围在18~24岁之间,这些年轻人追求的正是与抖音所打造的娱乐化的、具有独特调性的内容相匹配,使得抖音具有很强的吸附能力。在当前流量越来越贵的年代,谁拥有了数据,谁拥有了流量,谁就具有巨大的商业化空间。而抖音恰好是当前时代下最能收割流量、最富有数据的平台,对于各品牌商而言,在商业化方面具有巨大的想象空间。

可见，抖音作为短视频平台，是当前和未来企业进行内容营销非常不错的地方。

目前，入驻抖音的品牌中，比较有代表性的大牌企业有支付宝、小米手机、Adidas、苏菲、奥迪、雪佛兰、美团、OPPO、野兽派、海底捞等，还有众多中小微企业也加入了抖音运营和营销行列。只要能够脑洞大开，尽可能地挖掘更多的运营模式和营销策略，任何品牌都能在抖音上开展营销活动，实现流量变现的最大化。

总之，抖音运营与营销作为一种新型商业模式，代表着各领域发展的新趋势和新方向，对人们的购物方式已经产生了越来越大的影响。学习抖音运营与营销技巧，是广大品牌商寻找全新商业变现之路的必选题。

本书共分为八章，分别从探索解密、品牌入驻、视频创新、内容输出、吸粉技巧、运营推广、流量变现、案例解析八个部分入手，全方位、手把手解析品牌成功借助抖音运营与营销的策略和玩法。通过通俗易懂的语言、丰富翔实的案例，详细解密品牌抖音运营与营销、引流与变现技巧。

本书从细节出发，旨在指导敢于大胆尝试运用抖音这种全新自媒体平台进行运营和开展营销活动的企业，帮助他们实现快速引流和变现，赢得销量，实现企业发展的腾飞。

CONTENTS 目 录

第一章 探索解密：快速揭开"抖音时代"的商业密码

抖音原本作为一个娱乐"阵地"，让更多素人一夜爆红。如今已经成为品牌商家引流的"福地"，走上了品牌商业化运营的道路，使得以往纯粹、高效、娱乐化的视频被赋予了更多与品牌相关的内容，成为品牌实现引流、变现的极佳平台。快速揭开"抖音时代"的商业密码，可以帮助草根品牌或行业知名品牌借助抖音实现快速变现。

"抖音+门店/电商"模式涌现，真正的颠覆已然开始 / 002

深入探究抖音火爆的背后 / 007

品牌抖音运营的四大特点 / 016

品牌抖音商业化运营的趋势 / 022

第二章 品牌入驻：品牌玩抖音运营是迈向成功的第一步

2018年抖音大火之际，各品牌也开始将目光投向了抖音，以期在抖音上挖掘更多的红利。品牌商借助抖音不仅能提升曝光率，扩大影响力，还能与年轻用户直接沟通，为品牌年轻化提供更有利的营销依据。不论何种品牌，如果借助抖音运营，第一步也是最关键的一步就是入驻抖音，成为抖音平台上的一员。

品牌抖音企业"蓝V号"注册、认证 / 032

企业号运营 / 046

构建运营团队 / 055

第三章 视频创新：别让好抖音视频石沉大海

抖音运营，本质就是借助短视频的形式展开，短视频制作的好坏是关键。然而，并不是每个企业号的短视频都能为品牌带来流量和销量，很多企业号投放短视频之后，却一直没有关注、没有点赞，一直火不起来。要知道，没有无缘无故的成功，也没有无缘无故的失败。没有哪个企业号的抖音短视频能够随随便便火爆，掌握一定的视频创作技巧，才能让你的短视频内容不会石沉大海。

视频定位：方向比努力更重要 / 062

视频制作：好视频才有吸引力 / 076

热门推荐：抖音短视频上热门其实很简单 / 096

发布技巧：打造高曝光的抖音短视频 / 102

第四章 内容输出：用抖音短视频直击用户心灵

由于信息过剩已经成为一种不可逆转的趋势，所以内容创业时代已经来临。人们关注的是感兴趣的内容，而不是泛泛的信息。正所谓"哪里有内容，哪里就有商机"。所以，品牌商借助抖音运营，应当注重内容的打造和输出，用内容直击用户心灵，才有机会为自己加冕。

内容规划，让品牌影响力爆发式增长 / 106

形式多样化，自由展现输出内容 / 121

套路满满，能带来流量的套路都是好套路 / 129

打造抖音爆款内容的9条原则 / 139

第五章 吸粉技巧：从0到100万粉丝的飞跃

近年来，抖音短视频受到广大年轻人的青睐，所以抖音的用户绝大多数集中在年轻人群体。抖音平台上众多的用户每天都会产生数以千计，数以万计的新作品。这么多作品都挤破头般地上推荐、上热门，为的就是能够吸粉。尤其是品牌商，更需要借助抖音积累粉丝。只要掌握一定的吸粉技巧，品牌商借助抖音实现从0到100万粉丝的飞跃也不是难事。

基础引流，带来基础流量是关键 / 168

视频引流，掌握必备吸粉秘籍 / 173

流量沉淀，抖音有效聚集"真爱粉" / 179

第六章 运营推广：从围观到记忆，打造品牌形象

抖音的火爆，吸引了各行各业的商家借助抖音实现商业变现。抖音的运营与推广，成为品牌广告投放的第一要素。对于广大品牌广告主来讲，抖音短视频最大的价值在于通过自然而然的品牌植入，使用户从围观到记忆，在用户脑海中留下良好的品牌形象，以实现品牌流量、品牌转化率的提升。

品牌植入：自然细腻，深入用户内心 / 190

品牌借助抖音营销技巧 / 197

第七章 流量变现：抖音运营变现才是硬道理

品牌商与抖音平台合作，无论用何种运营模式，采用何种营销方式，其最终目的都是实现流量变现。因为，只有变现才能带动商业的车轮继续前行，没有变现就没有资金流，这样的企业是毫无发展前景可言的。可以说，只有变现才是硬道理。

视频+购物车变现 / 222

抖音开直播变现 / 226

第八章 案例解析：领略和剖析抖音品牌营销的智慧

抖音时代的到来，加速了品牌运营和营销计划的实施，进而为品牌商带来黄金盈利时代。在当前抖音火爆之际，谁能够拥抱抖音，掌握抖音运营、营销技巧，谁就能快速开启创新盈利的大门，谁就能成为走在行业前列的引领者。

小郎酒：发起的短视频挑战，获年轻人追捧 / 230

小米：玩转抖音营销套路，圈粉无数 / 235

海底捞：借抖音零成本"病毒式"传播 / 241

兔耳朵帽子：卖萌神器借抖音传播，成火爆产品 / 244

茶言麦语：行走在抖音上的"表白茶" / 249

第一章

探索解密：
快速揭开"抖音时代"的商业密码

抖音原本作为一个娱乐"阵地"，让更多素人一夜爆红。如今已经成为品牌商家引流的"福地"，走上了品牌商业化运营的道路，使得以往纯粹、高效、娱乐化的视频被赋予了更多与品牌相关的内容，成为品牌实现引流、变现的极佳平台。快速揭开"抖音时代"的商业密码，可以帮助草根品牌或行业知名品牌借助抖音实现快速变现。

"抖音+门店/电商"模式涌现，真正的颠覆已然开始

随着传统线下零售和电商红利的逐渐消失，零售行业正在寻找全新的翻盘契机。在众多年轻人玩抖音的火爆之际，抖音作为一个全新崛起的巨型流量池，吸引了门店和电商纷纷试水。这样，抖音以平台身份大肆向商业领域挺进，给门店和电商带来的连锁反应，预示着"抖音+门店/电商"模式对商业领域的颠覆已然开始。

一条抖音捧火"答案茶"，加盟店火速扩张

2018年1月初，有一段视频异常火爆，内容是：一名"90后"女生对着一杯奶茶问："奶茶，你说我除了长得美，还有啥优点没？"当她掀开瓶盖的时候，答案立即浮现出来："一无所有。"

这款看似会"占卜"的奶茶一下勾起了人们的猎奇心，也因此使得这条抖音短视频收获了44.8万播放量。在评论区内，也有各路伙伴表示想要与这款会"占卜"的奶茶合作加盟。

这款奶茶的名字其实叫做"答案茶"，其在抖音上火爆的

时候，还没有实体店。

在发现"答案茶"获得意想不到的火爆之后，创始人便在线下马上开设实体店，于是"答案茶"的首家实体店就在郑州二七万达广场落成了。更没想到的是，在开业当天，就收到了投诉，原因是：慕名前来购买"答案茶"的顾客，排起的长龙，把其他门店的生意都给挡住了。

并且，当天就有很多人提出要加盟。在开业不到两个月的时间里，"答案茶"的加盟店已经达到了249家。

然而，由于"答案茶"的市场太过火爆，而创始店铺的人手不够，目前不得不暂缓招商。

"答案茶"的创始人设计出这样的"占卜"环节，只要消费者敢问，"答案茶"都会给出答案。当然，至于答案是否准确，对于消费者来讲已经不那么重要了，重要的是这样与消费者进行互动，使得娱乐性加强，再加上年轻人本身就爱玩抖音，就使其在抖音上传播开来。"答案茶"在抖音上玩的就是新鲜——一个标签可以打出一个可以占卜的茶；玩的就是好奇——充满悬念，吸引人们一探究竟。

一条抖音就将一个草根品牌捧火，这样的品牌引流和变现速度是前所未有的，其引流和变现能力也是异常惊人的。"答案茶"的火爆，给更多的草根品牌提供了一种全新的市场扩张途径。市场变化异常迅速的今天，要么改变，要么死。如果不改变模式，一味走陈旧路线，最终面临的只能是被市场淘汰，死路一条。

"土耳其冰激凌"抖音"撩"出排队买冰激凌盛况

在厦门鼓浪屿，有许多家土耳其冰激凌店。这些店生意一直不温不火，甚至有几家濒临倒闭。然而，其中有一家冰激凌店却生意火爆。

在这家冰激凌店火了之后，全国各地来厦门观光的游客都以去这家店买一个冰激凌为荣。尤其是周末或节假日期间，这家土耳其冰激凌店前总是排着长长的队伍。那么这家冰激凌店究竟如何与众不同才能有如此魅力呢？

其实，吃过这家店冰激凌的人，都觉得冰激凌的味道一般，而最让大家感兴趣的是这家店冰激凌的出售方式。通常，我们买东西都是一手交钱，一手交货。而这家店铺则截然不同：这家冰激凌店有一位卖冰激凌的土耳其帅哥，他在卖冰激凌时有一种"撩"顾客的表演，使得顾客没有那么容易就拿到冰激凌，而前来消费的每位顾客都十分乐意与他进行互动，都希望被他"戏耍"一番。

土耳其冰激凌最初是由一位顾客在摊前买冰激凌时，用抖音录制了一段短视频，随后将其发布在网上，引起了人们的广泛关注，勾起人们的好奇心，希望自己能感受一下这家店不一样的消费体验。同时，这则抖音短视频还被诸多抖音爱好者转发，点赞量达到了几百万人次。甚至有许多人来到这家土耳其冰激凌店前，都将手机举得高高的，就为了拍一段抖音小视频"打卡"。显然，鼓浪屿的这家冰激凌店和卖冰激凌的帅哥成了当地最大的"明星"。

这家土耳其冰激凌店爆红的背后，其实是利用了抖音的创意。新鲜视频抓住了年轻人的心，吸引了广大年轻消费群体的注意力，从而为产品引来了巨大的流量。之所以能够在抖音上成为热门视频，就是这位土耳其帅哥让人眼花缭乱的花式"撩"人手法，这样才吸引观众的兴趣，进而关注视频中出现的店铺。

另外，抖音视频拍摄成本低、门槛低，操作简单，上手快，视频发布者不需要做专业的视频剪辑，就能轻松完成。视频中，无需做任何文字、语言性说明，只有土耳其小哥一系列流畅的动作，就足以让观众感受到其中的乐趣。而广大年轻人群，以及旅游爱好者则成为这段视频的自发传播者，在无意中就为该店做了一次十分完整的产品宣传。

美团联手抖音发起挑战赛，获1.4亿播放量

像每年的淘宝"双十一"、京东的"6·18"一样，每年5月，各大团购、电商、外卖等平台会推出各种花样百出的活动，各种创新活动为的就是让消费者"吃得爽""玩得嗨"，这样消费者才会感觉过瘾。

2018年6月30日，美团与抖音强强联手，举办了"全民挑战66舞"挑战赛，让用户"玩得嗨"。挑战赛中，用户不仅可以在美团外卖App上参与66集卡赢66元现金活动，还可以和达人们一起大跳66舞赢iPhone。凡是在活动期间模仿"@阔少_申旭阔"跳66舞或使用66舞专属音乐拍摄视频，将有10名幸运用户有机会被抽取获得iPhone X。

这场别具一格的创意活动，再加上让人羡慕的奖励，吸引了广大网友自发参与和传播。在挑战赛上线仅一周的时间，就收获了35万原创视频，视频总播放量超过1.4亿，总点赞数超过292万，总评论数超过19.4万，总分享次数超过了16.7万，如此强大的用户参与阵容，可见这场挑战赛的吸引力惊人。

那么在整个挑战赛中，美团和抖音是如何玩的呢？

一方面，在抖音上，舞蹈是一种能够吸引用户积极参与互动性极高的表现形式，在舞蹈中加入定制BGM（背景音乐）和创意贴纸，可以更好地激发抖音舞蹈的魅力，这样用户更容易被视频中的内容"种草"，能够获得"2+1>3"的超级营销效果。除此以外，基于美团外卖的"梦去小袋鼠"的形象贴纸，能够使视频内容更加具有生动性。伴随着舞蹈动作，"小袋鼠"也开始舞动起来，使得这个视频更加活泼，且具喜感，这样又在很大程度上提升了美团外卖的曝光率。

另一方面，在此次挑战赛中，达人所起到的引流作用是不可忽视的。达人本身自带流量，达人参与到挑战赛中，能够更好地激发用户的参与热情，使得各种创意内容层出不穷，如全家人一起参与到趣味创作中来、携带萌宠加入创作。此外，用户评论的声音不断涌现，使得品牌口碑也得到了有效提升，让用户与品牌之间建立的关系更加有深度。

总之，美团与抖音联手创造出与众不同的品牌营销活动，并大获成功，为美团带来了巨大的流量，不但加强了品牌与用户的情感连接，还帮助品牌更好地读懂用户，可谓一箭双雕。

深入探究抖音火爆的背后

近期,很多人已经被抖音短视频App刷屏了,各种新鲜的人和事都在抖音App上呈现。越来越多的人一天可以在抖音App上看五六个小时。抖音的火爆,不仅仅在于爆发式的用户增长,更多的在于越来越多的品牌入驻抖音,开启官方账号,逐渐将抖音作为其新媒体矩阵的重要份子。

所以,我们经常在抖音短视频中看到不少草根品牌以及人们日常生活中的知名品牌,它们都看到了抖音里蕴含的"小美好"并争相开始借助抖音,为其品牌宣传造势。如今,品牌们已经将以前的"两微一端"(即微信、微博、新闻客户端)演化成了"两微一抖"(即微信、微博、抖音),而抖音则成为品牌们扩张新版图的重要"标配"。

抖音本身是一款可以拍摄短视频的音乐创意短视频社交软件。2016年9月,抖音上线,进入2017年10月后,抖音开启了高速增长模式,尤其是抖音获得独家赞助《中国有嘻哈》后,开始真正火了起来。在2018年春节期间,抖音邀请多位流量大咖入驻平台,再加上"海底捞吃法"等多个热点发酵,吸引了大批新用户涌入。2018年4月,内涵段子遭封杀后,"段友"以及一批优质内容生产者开始转战抖音,使得抖音用户暴增。截至

2018年6月，抖音的日活跃用户量达到了1.5亿，月活跃用户数量超过3亿。抖音的头部内容生产者用户覆盖了平台粉丝总量的97.7%，且16%的作品出自用户参与抖音花样百出的挑战话题，抖音9.4的背景音乐创作来自原创，如《海草舞》《学猫叫》《佛系少女》等都被誉为抖音洗脑神曲，在用户中循环播放。

另外，2018年3月，抖音正式开启了品牌主页"蓝V"认证权益，随后吸引了众多企业品牌纷纷入驻抖音平台，各品类入驻抖音平台的比例分别为娱乐类26.26%、教育类14.14%、IT互联网类13.47%、游戏类9.09%、服饰类5.72%、美食类5.05%、食品饮品类4.71%、数码家电4.38%、其他17.18%（见图1-1）。

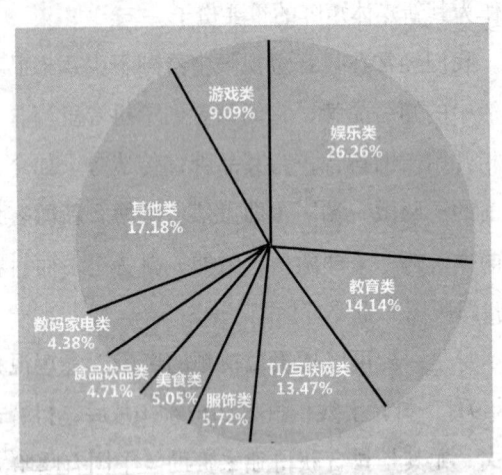

图1-1 各品类入驻抖音平台的数量分布

可见，抖音在广大用户和企业品牌用户中大火，已然成为不争的事实。没有无缘无故的萧条，也没有无缘无故的火爆。所以，在抖音大火背后，其实也是有原因的。

碎片化消费市场正悄然崛起

蚂蚁窝旅行网、中国旅游研究院联合发布了《重新发现世界：全球自由行报告》，该报告指出：当前中国已经全面进入"碎片化旅游时代"。

事实上，这种"碎片化"特点并不是旅游市场的专属。如今，这种"碎片化"特点已经向各领域延伸。比如人们在逛街逛累的时候找个地方休息一下；去看电影却还有半小时才开场；去餐厅吃饭，还需要排队等候一段时间；上下班等车、坐车……无论是逛街中途的休息时间、看电影离开场还有半小时的时间，还是吃饭排队等候的时间、等车和坐车时间，这些都属于"碎片化"时间。这些"碎片化"时间，使得人们想要静下心来专心做完同一件事情已经越来越难。

所以，很多商家挖掘出"碎片化"时间中所蕴含的价值，针对人们的"碎片化"时间去开发一些新项目，这样一个碎片化消费市场就在悄然无声中崛起了。

当人们去看电影等待半小时之后开场，一些精明的商家就会充分利用人们的时间，为消费者提供一些产品和服务，满足人们的需求，从而让人们从腰包里掏钱。例如，在电影院外铺设几排按摩椅，供消费者使用，一方面可以减轻消费者身体的疲劳，另一方面可以帮助消费者打发无聊的等待时间，而商家自身却从消费者的"碎片化"时间赚得了利润。

当然，这些"碎片化"时间也为抖音提供了很好的赚钱机会。随着互联网、移动互联网以及智能移动手机的不断普及，手机已经成为人们的标配，而用手机流量浏览手机内容已经成为打发人们闲暇、无聊时间的最好方式。抖音则抓住人们的时间"碎片化"特点和人们浏览手机打发闲暇时间的生活特点，在二者相结合的基础上诞生于世。

据国家统计局、智研咨询的数据显示：2016年QI（第一季度），我国移动智能手机销量为44803.59万台，并且接下来每个季度的销量都呈上升趋势；2017年Q1，我国移动智能手机销量较2016年Q1有所上升，为48768.12万台，并且全年智能手机销量呈上升趋势；2018年1~5月，我国移动智能手机产量累积达到70853.4万台，2018年Q1我国移动智能手机销量累积达到了41824.55万台。

抖音每个短视频不超过15秒，不长不短，既能让用户的"碎片化"时间能够很好地打发掉，又能进入用户眼球，让用户在不知不觉中刷上几个小时的视频。这就是抖音短视频不超过15秒的精妙之处。

人的需求层次的不断变化，带动商业逻辑的变革

纵观人类历史长河，任何时代的商业，其本质都是为了人性的进一步满足。人们的需求层次不断变化，随之而来的是商业逻辑的改变，从而使整个社会的发展得到不断的进步。

当代年轻人是一群有朝气、有活力、有先进思想、代表潮流和时尚、敢于尝鲜的人群，他们是一个时代发展的风向标，是推动时代经济发展和商业逻辑变革的主力军。他们更喜欢用互联网记录并分享自己的内心世界，更喜欢将能够体现自身才华、能力的东西向别人炫耀。而互联网、移动互联网、智能移动手机则为其个性化行为提供了基础。

如今，人的需求层次的不断升级，已经形成以下几方面的特点：

1. 敢于尝鲜任何事物

当前推动时代经济发展的主力军是年轻群体，他们希望被他人尊重，喜欢创新，敢于尝试，喜欢追求能够为自己带来"美好感"的事物。而抖音打造的就是一个帮助用户记录美好生活的平台，旨在为更多的用户带来一种"美好感"。显然，抖音迎合了人们这种敢于尝鲜的需求。

2. 消除内心偏见

以往，人们看待事物都会存有偏见，尤其对于灯红酒绿、具有浓郁先进气息的大都市。那些乡土气息浑厚的农村，则是人们所不屑靠近的地方。然而，随着人们信息获取方式更加便捷化、简单化，人们对于整个社会的方方面面都有了更加全面、深入的了解，人们的目光已经不再集中在北上广的高楼大厦，而是遍及乡村的各个角落。

抖音正是迎合了人们需求层次的不断优化和升级的趋势，让一些原本在人们心中陌生或被刻板认知的农村人也有了展示自我的机会，让人们通过抖音这个舞台对现代各个层次的人有了更深层次的了解，消除人们内心的偏见。

3. 保持开放

未来，企业和社会都是趋于无边界的，都是相互融合的。

这也是人性不断升级的结果，而这一点在分享经济中则有更加突出的体现，资源有效分享和利用，则体现的是一种开放性特点。

抖音就是在这种开放性的人性基础上开发出来的。用户基于抖音平台，向大众分享自己的日常、旅游、奇闻异事等，吸引广大"抖友"的眼球。也正是这种开放性，使得抖音能够得到持续发展。

4. 关注细分

未来社会，人们的需求细分化特点将更加明显，平台的发展也越来越趋于多元化，任何大平台都不能妄想用全面发展的方式一统江湖。只有"以点带面"，将垂直细分领域做到更精更专，再去合纵连横，才能在市场上获得生存权，并且越活越滋润。

抖音是一个专门做短视频的平台，并且将短视频的运营和营销开发到了极致。抖音也是顺应人的需求变化和市场需求，根据商业逻辑而构建的纵深发展的小平台。

总而言之，抖音迎合了当下人的需求的不断优化升级，带动商业逻辑变革的发展特点，这也正是抖音能够在市场中备受青睐、异常火爆的原因。

内容生活化已成新变局

在抖音出现之前，短视频平台队伍中已经有美拍、秒拍、映客、快手等App，其中美拍、秒拍、映客更倾向于美颜自拍，主要是用户发朋友圈晒美照所用，最受女性用户的喜爱；

快手在功能和实用性上是非常接近抖音的，可以将快手看做是抖音的前身。在录制视频时，快手没有时间限制，没有背景音乐，任何视频都可以拍摄。以至于后来，快手的小视频主要走搞怪路线，甚至有生吃活鱼等内容庸俗的视频。

毫无疑问，这样的短视频既让人反感，又没有任何实际价值和意义。这样，这些如法炮制的短视频就会给人一种单调、枯燥感，久而久之不能持续给短视频内容中注入新鲜的活力，势必会让粉丝流失。

在这种情况下，必定需要对短视频内容进行肃清，一场内容变革必将来临。

然而，抖音的出现，则一改之前出现的短视频平台的短板，不但搭配了比较好听的背景音乐，而且还提升了用户的观看体验：上下直接翻页，功能更加简便；单视频竖屏播放，画面观看更舒适；提高门槛，摒弃低俗、恶搞、搞怪内容，更加趋向于生活化内容。这些以生活化内容拍摄的视频都是以传播正能量为宗旨，展示生活日常、生活技能、专业知识等与生活有关的点滴小事，其大众化生活内容越来越普遍，令用户赏心悦目，更能学习到很多以前从未学到的知识。因此，抖音短视频有效激活了人群中的视频爱好者，也使得平台的社交属性不断被激活。

所以说，抖音是在短视频领域内容生活化变局出现的情况下孕育而生的产物，更是为了适应这种变局而生的平台。抖音打造出生活化内容来吸引用户关注，实现用户路转粉，这是抖音能够火爆的另一个原因。

自娱自乐成为时代文化特性

在当前这个生活、工作都充满快节奏的时代,人们更希望有一种极简的自娱自乐的方式,让自己的身心得到放松。而移动互联网和智能移动设备则为人们的这种需求提供了很好的满足方式。

在这种情况下,急需一种能够满足广大民众自娱自乐需求的创新玩法。抖音则是迎合这个时代的娱乐需求出现的一种娱乐方式。抖音作为一款专注于音乐短视频的社区,用户可以选择歌曲,再配上短视频形成自己的作品,每个短视频时长大概为15秒,且很有节奏感。

如今,抖音异常火爆的盛况席卷了全国。用户不论何时何地,不论什么年龄段、从事何种职业,都可以借助抖音录制短视频自娱自乐。通过抖音短视频App就可以简单地将自己的生活点滴以及各种奇闻趣事分享给别人。

抖音能够在短时间内迅速蹿红,毫无疑问是当前网络社交媒体盛行与年轻群体共同推动的结果。现在的年轻人,尤其是"90后""00后",他们是非常乐于表现自己、展现自我才华的一代,他们喜爱玩一些搞怪、高效的东西,抖音则为他们提供了一个释放自我的平台。

15秒的短视频录制,无需太过复杂,无需高技术含量,只需要呆萌、搞怪的动作、一段优美的舞蹈、一个有趣的"梗",就能将自己的小技能或者才艺很好地展现出来,从而获得大量的点赞和评论,圈粉无数。这样又在一定程度上提升了视频拍摄用户的信心,让他们有更强烈的欲望去进行视频创作，在娱乐自我的同时，也给别人带来了娱乐。无论是视频创作者还是围观者，都对抖音短视频乐此不疲。

免费WiFi和4G的不断推广

移动互联网的发展，使得用户上网更加便利，实现了随时随地上网观看视频、浏览大量信息。再加上移动智能手机、平板电脑等产品的普及，就需要更加流畅的网络使用体验来匹配。免费WiFi和4G，就是在这种情况下出现的。有了免费WiFi和4G，用户的流量资费变得低廉化，用户再也不用担心浏览卡顿或花费过多流量费用而导致手机欠费停机。

免费WiFi和4G的不断推广，为抖音的出现提供了很好的契机。

1. 免费WiFi网络实现了无缝覆盖

在很多地方，如商超、咖啡店、地铁等，已经实现了免费WiFi覆盖，再加上移动智能设备本身体积小、携带方便的特点，用户无论何时何地，都可以轻松使用网络录制和观看抖音短视频，同时还能使用流量浏览网购平台、购买心仪的产品。这就为用户随时随地通过抖音平台引流，并进行购物提供了极大的便利。

2. 4G网络资费越来越低廉

在政府的干预下，4G网络资费也越来越低廉，各大运营商推出了不限流量套餐，抖音更是出台了刷抖音包流量月卡，为广大抖友提供了便利。

这些都为抖音的普及化提供了工业基础条件。

品牌抖音运营的四大特点

如果被问及2018年全球最火的手机应用是什么，毫无疑问，答案一定是抖音。当前，抖音不但在国内受欢迎，还在全世界范围内刮起了一阵潮流之风。

抖音是我国的数据挖掘引擎公司今日头条所创立。在应用上线不久后，就在国内以及少数几个外国国家引起了不小的轰动。

2017年8月，抖音开始在全球范围内布局，截至2018年6月，抖音已经覆盖了全球超过150个国家和地区。据美国调查公司Sensor Tower所提供的调查数据显示：2018年第一季度，抖音的海外版本Tik Tok已经成为全球下载量最大的iPhone应用程序，下载量高达4580万次。这一数据远远超过了美国本土应用程序Facebook、YouTube、Instagram。

如今的抖音，已经在全球范围内遍地开花，其所呈现出来的特点也是显而易见的。

广告更加立体化，更具穿透性

广告是一种经济行为，借助广告可以为产品和品牌形象做宣传和推广。广告在向消费者做宣传的过程中，也向消费者传达品牌价值观。优质的广告能够影响消费者的思想，影响消费者对产品和品牌的认知，更能影响消费者对产品的购买行为。

传统品牌宣传，往往是借助图文的方式，向消费者展示产品。然而消费者通过这样的广告宣传片获得的产品信息往往是有限的，宣传片是一种平面化的宣传方式。

创新永远是大众喜闻乐见的，因为创新能够给人带来不一样的新奇感。品牌借助抖音进行广告宣传，则让整个广告画面"活了"起来，由此可见品牌宣传具有两方面的特点：

1. 更加立体化

在抖音上投放广告，是抖音获取新的红利的重要方式。然而，品牌借助抖音为品牌投放宣传广告，也收获了实实在在的流量。因为抖音本身的属性是短视频，同时，品牌还可以借助抖音平台增加传播的互动性、趣味性，让整个宣传内容都立体化、鲜活化，而不再是死板、枯燥的纯画面宣传。

2. 更具穿透力

品牌借助抖音进行广告投放，其灵活变换的画面感给用户带来的视觉冲击，正是当前互联网受众能够快速接受的方式，再加上更具生活化的场景内容，能够更好地引起用户互动和评论。显然，这种广告投放方式更加能够穿透人心，具有很强的穿透力。

雪佛兰迈锐宝XL借助抖音平台投放广告。在投放的过程中,以生活化场景为基础,为品牌带来了巨大的流量。

雪佛兰在抖音平台上投放广告的内容是:

一位男士正在开会,此时突然接到异地女友的电话求助,让男士快速出现。此时,雪佛兰迈锐宝XL闪亮登场,在雪佛兰迈锐宝XL的科技力量的推动下,玩穿越,快速出现在异地女友面前,再也不用担心异地恋了。

显然,抖音平台上投放品牌广告,在"男友轻松穿越"的同时,更能让雪佛兰迈锐宝XL穿透"抖友"的心,更好地认识雪佛兰迈锐宝XL。

让内容进入用户关系链

抖音本身只是一个短视频平台,其并不具备用户关系链。然而,这并不意味着抖音短视频就无法与用户关系链扯上关系。那么抖音是如何让内容进入用户关系链的呢(见图1-2)?

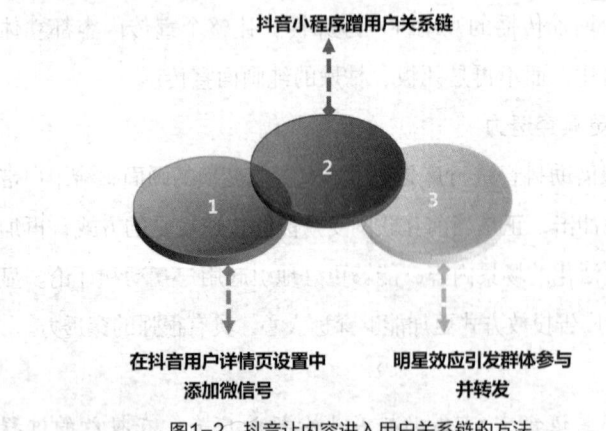

图1-2 抖音让内容进入用户关系链的方法

1. 在抖音用户详情页设置中添加微信号

抖音用户可以在昵称、抖音号、简介、内容、头像设置等位置设置微信号，这样其他用户在围观的时候，可以在用户详情页看到相关微信号，进而添加自己喜欢的用户微信，成为好友，并对自己喜欢的内容进行转发。这样就使得短视频内容进入用户关系链，得到更好的传播。

2. 抖音小程序蹭用户关系链

2018年7月3日，抖音在微信上上线了一款"抖音好友"的微信小程序。借助该小程序，用户可以授权微信登录，将自己喜欢的抖音内容分享到微信好友和微信群。同时，群中有好友如果同意使用该小程序，则双方可以在小程序内实现抖音号的相互关注，从而使得抖音内容进入用户关系链。

但是，这款小程序上线不久之后，腾讯方就对该程序提出了下线处理。并且提出"抖音好友"小程序在进一步修改完善之后，可以重新发布服务。目前，这种将内容引入关系链的方法虽然可行，但不可用。

3. 明星效应引发群体参与并转发

品牌广告主，都可以创建一个挑战内容，通过邀请明星或者抖音红人们来完成视频录制并进行分享，同时还可鼓励他们的粉丝加入挑战。这样，只要视频拍得好，就能收割大量关注度，引发群体参与的同时还能实现群体转发，将内容很好地引入到用户关系链当中。

缩短用户与品牌的转化路径

对于任何一个品牌来讲,用户量的多少决定了其投放广告路径的选择,也是平台能够为品牌带来营销价值的判断标准。

传统的品牌方在营销的过程中,往往将品牌产品分发给经销商分销,与消费者走得更近的、更加了解消费者真正需求的往往是那些分销商。分销商虽然也用投放广告的方式吸引消费者,但终究经历千回百转之后,消费者才能了解品牌,甚至分销商在传播品牌价值、文化的过程中,就因为不是特别了解品牌而有了一定的偏差,最终导致消费者不能更加深层次、正确地了解品牌的真谛。这样就给品牌引流带来一定的阻碍。

抖音的出现,则一改往日品牌传播的短板,不但增加了用户关注广告的时间,缩短了品牌传播的路径,而且让用户从旁观者变成内容的制造者和传播者。抖音借助互动形式与用户接触,得知用户的真实喜好和需求,为品牌未来的发展和销售提供了很好的用户画像数据,这样就直接缩短了用户与品牌的转化路径(见图1-3)。

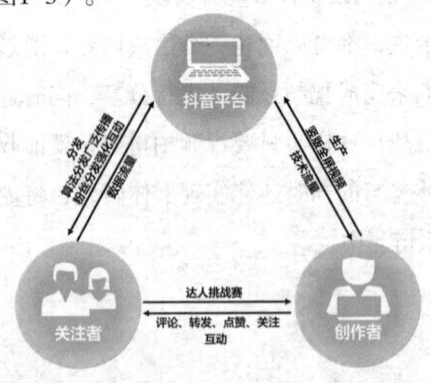

图1-3 抖音缩短品牌传播路径、缩短用户与品牌的转化路径

一方面，抖音与以往的GIF图、图片、文字内容的广告投放方式相比，能够为品牌带来更多的用户流量，而且抖音短视频用户增长速度非常快，能够让更多的用户在最短的时间内更好地认识品牌、了解品牌，并为品牌付诸购买行动。

另一方面，抖音所体现出来的强大平台实力和营销价值，使得众多企业用户纷纷入驻。抖音企业号还推出了全新的私信功能。该功能可以帮助企业与粉丝直接对话，提高了双方沟通的效率，缩短了用户和品牌之间的转化路径，减轻企业号运营的工作量，提升品牌营销效率，使得用户通过抖音企业号购物车直接购买产品，实现营销转化路径的最短化。

可以实现人人短视频运营和推广

抖音录制小视频其实很简单，只要拥有一台录抖音视频的手机，找到或搭建与自己品牌格调非常相符的场景，便能结合不同的场景拍摄出不同风格的视频，并且将品牌和产品融入短视频内容中，这样抖音短视频就成为品牌宣传和推广的有效工具。

因此，抖音为各种品牌，包括知名品牌和草根品牌的发展带来了绝佳的机会，人人都能录制抖音短视频，人人都是品牌经理，人人都可以借助抖音短视频进行品牌的运营和推广。

品牌抖音商业化运营的趋势

如今,抖音已经大规模、频繁地进入公众视野,民众使用抖音的频率,显然说明抖音已经成为当前的明星产品,深受民众喜爱。任何事物的发展,都会先后经历四个阶段,分别是探索期、成长期、成熟期、衰退期。探索抖音发展历程,我们发现抖音从最初的诞生到如今的风光无限,目前经历了探索期和成长期的第一阶段和第二阶段。

在不同的阶段,抖音表现出不同的发展态势(见图1-4):

图1-4 抖音发展的不同阶段

1. 探索期(2016.9.26—2017.4.28)

抖音最早是在2016年9月26日正式上线,当时抖音的名字叫做"A.me",在第一次版本迭代之后,其正式更名为"抖音短视频"。显然，正是由于这次更名，使得抖音能够更好地在用户中形成良好的记忆。

在抖音的探索期，当时市场中已经不乏各种移动端短视频产品，如小咖秀、快手、美拍等。然而，谁也没想到，在这些领头羊中，抖音会从一个无名之辈一跃成为能够与快手相抗衡的、在短视频领域的两大独角兽之一。

在探索阶段，抖音无疑是在为以后的快速成长和发展做充足的准备。

2. 成长期第一阶段（2017.4.29—2018.1.16）

在这个阶段，抖音已经将工作重心转移到了运营上。将自身定位于年轻受众，并借助明星效应、娱乐节目等与自身调性相符的事物来快速提升精准用户基数，实现用户数量的倍增。

除此以外，抖音还鼓励内容创作者创作出更多优质内容，以吸引更多的用户前来围观，如此才能更好地吸引愿意为内容消费的用户，并从内容创造者和内容消费者两方面增加其用户黏性。

在成长期的第一阶段，抖音已经在强效运营的基础上，从众多竞争者中脱颖而出。不论在名还是利上都收获颇丰，并且有许多草根阶层的个体和团队都开始利用抖音平台实现人生的逆袭。这又从另一个方面为抖音吸引了更多的流量。

3. 成长期第二阶段（2018.1.17至今）

经过前期的发展，抖音已经具有良好的产品体验和品牌曝光。这使得抖音在短视频领域快速奔跑，并在2018年初，以超过上亿额用户在短视频领域真正站稳脚跟。

此后，抖音将工作重心又一次进行了迁移，即在注重内容把控的同时，不断向国外挺进，"出海"挖掘更多流量为己所用，而且与商业品牌商展开合作。简单来讲就是实现坚持自身调性、向国际化扩张与商业合作变现之间的平衡与发展。

经过试水之后，抖音在国际化市场中也有了一席之地，并且在与商业品牌方合作中也取得了成功，为抖音开拓了巨大的发展空间。

与"出海"扩张相比，与品牌方合作的市场空间更为巨大。抖音与品牌方合作，实现商业化成为抖音走向成熟期的重中之重，更是抖音未来发展的方向。

更加重视用户体验

马化腾曾说过一句话：用户体验，比一切事情都大。的确，有没有站在用户角度把体验做到最好、做到极致，决定了一个产品最后是跑赢还是跑输。一个产品，最重要的就是用户体验能不能打动人心，能不能通过产品与用户的心灵对话，让用户真正死心塌地的爱上产品。这样的产品，在市场中才有更多成功的机会，才有更大的发展空间。

如今，随着市场经济的不断发展，产品同质化日趋严重，用户已经不再像以往一样仅仅站在产品品质层面去决定是否购买，而是将产品体验作为重要的衡量标准。这就意味着，用户价值的回归，表明用户更多地关注体验，而并非消费行为本身。而通过内容化手段对于线下场景的模拟，能够较好地满足用户对体验满意度的追逐。

基于这一点，品牌商在借助抖音进行商业化运营过程中，也应当以重视用户体验作为发展方向。在注重用户体验方面，应当做好以下几点：

1. 场景体验

抖音可以让用户足不出户，就能身临其境地感受到抖音红人所处的不同场景和生活状态。换句话说，抖音可以使用户从当前所处的场景切入到另一个场景中。所以，抖音可以看做是"两个场景的时空穿梭机"。在抖音短视频中，用户可以真实地感受到产品，更加立体化地感受到品牌，还可以通过评论区更加直接地进行互动。品牌借助抖音营销，开辟了全新的营销玩法，带来了一场声势浩大的营销革命。品牌借助抖音营销过程中，注重场景体验，能够更好地满足广大用户的场景化体验需求。具体来讲，即需要把产品和品牌嵌入具体的抖音短视频当中，为对不同场景感兴趣的用户提供更加贴合的场景需求，这样才能给用户带来更多的新奇感和新鲜感。这种场景化体验，可以有效激发用户观看抖音短视频的意愿和情绪，为品牌带来更加极致的产品体验。

以一款儿童折叠浴桶的抖音营销为例。抖音短视频中，一位男子准备给孩子用儿童折叠浴桶洗澡，自然将场景选择在自己家的卫生间，通常这里是家人沐浴的地方。在这里，男子动作娴熟地演示整个儿童折叠浴桶的使用方法。这种将产品融入实实在在的使用场景中，让用户更好地了解产品以及其使用方法的方式，给用户带来了不一样的产品体验（见图1-5）。

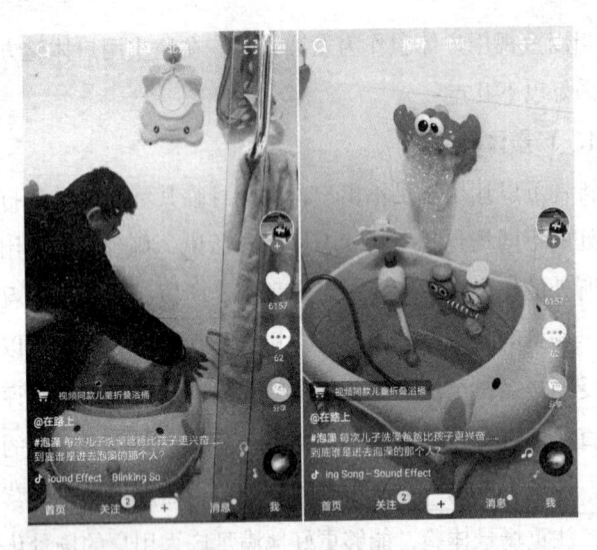

图1-5 儿童折叠浴桶抖音短视频运营的场景体验

2. 内容体验

以往,品牌推广内容大部分是图文内容,而短视频的出现则取而代之以更加直观、更加生动的视频内容。用户内容消费习惯的改变,使得内容体验成为一个重要的生产品爆发点。换句话说,用户能够对抖音短视频的广告内容沉迷,其前提条件就是抖音内容的特质,即能否为用户带来极致的内容体验。

一条品牌抖音短视频内容,就像是被放入抖音池子里的一条鱼。而这条内容要想在流量池中跑赢对手,关键在于能否通过优质的内容给用户带来不一样的产品体验。进行抖音短视频内容构思时,需要注意:

(1)思路清晰

好内容必定思路条理清晰,易于用户观看并理解,这样的内容非常便于用户浏览。通常，会用一个恰当的短视频内容说明来呈现整个短视频内容的结构，然后再辅以适当的视觉材料加以说明，让内容更加适于用户观看。

（2）出色的信息架构

好的内容需要好的骨架来支撑，然后再逐层把内容组织好，一一填充，让整个内容层级分明，有血有肉，在观看的时候给人更加饱满、充实的感觉。这样的内容才更能吸引用户围观，便于用户理解和消化。

（3）关注用户

抖音短视频内容录制的目的就是为用户服务，在将用户放在首位的同时，围绕用户对产品信息的渴望和需求，展示产品相关信息。这样录制的短视频内容与用户需求更加贴切，能够给用户带来更好的内容体验。

总之，品牌在借助抖音进行商业化运营过程中，要充分重视用户体验，将用户体验放在首位，才能让抖音短视频在运营过程中的价值最大化。

个性化和多元化生态

如今，整个消费市场已经呈现出个性化、多元化的发展势头。

一方面，消费市场是年轻消费者的天下，他们已经不再像以往的消费者那样，只注重产品品质和价格。他们在满足产品需求的同时，更加讲究的是体验和服务，更注重的是能展现自己的个性。

另一方面，年轻的消费者已经不再满足于单纯的看电视、听音乐、打球等娱乐活动,一些更加新潮的娱乐方式对他们来讲更具吸引力。如年轻人听音乐喜欢关注各种音乐风格有哪些标志性作品,或者歌手的人生经历和传奇故事。显然,同一件事物多元化关注,已经成为年轻消费者的一大趋势。

所以,基于以上两方面,品牌商借助抖音进行商业化运营的过程中,需要围绕消费主力军的个性化消费和多元化消费展开,从而形成一个个性化和多元化生态。

具体做法如下:

1. 内容迎合年轻人的个性化需求

抖音上绝大多数用户都是年轻人,这些年轻人更加热衷于一些与时尚、潮流、个性化鲜明有关的人或事,因为这些能更好地表达自己个性的观点、行为。能够借助抖音满足年轻人的个性化需求,是品牌商做抖音商业化运营的重点。

品牌商打造个性化抖音短视频时,可以通过背景音乐、剪辑特效等方式实现。如在短视频拍摄的过程中,可以通过软件的便捷设置直接操控拍摄的快慢,对视频进行剪接,再加上抖音特有的特效(如时光倒流、反复、黑白)等技术,可以让视频更有看点。

2. 短视频展现方式多元化

抖音短视频内容的呈现形式,应当体现出多元化特点。常见的抖音短视频多样,包括展现自我特殊技能、绘画、美食、旅游、日常生活、舞蹈、美妆等方面。无论采取何种展现方式,凡是能够融入品牌的内容形式,都可以为品牌宣传和推广带来流量和销量。

总而言之,市场需要什么,品牌商在借助抖音实现商业化运营的过程中，就应当做好什么。形成一个个性化和多元化生态，是广大消费者的需求趋势，同样也决定了抖音运营朝着个性化、多元化方向发展。这是未来品牌商借助抖音实现商业化运营的一大趋势。

品牌管理丰富化、复杂化

对于品牌商而言，抖音短视频的带货能力之所以强大，主要体现在抖音用户在生产许多UGC（用户原创内容）的同时，还会在录制视频的过程中借助滤镜、音效等功能，对品牌产品从不同角度进行强化展示。此外，不同的人，无论是普通用户还是关键意见领袖在短视频内容中使用同一商品，却表达出不同的商品含义，换句话来讲，就是体现出品牌自身的多元化人格特点。

这样，只要抖音用户一打开抖音短视频，第一眼看到的内容，不再是以往琳琅满目的商品推广，而是一个活生生的"人"，在向用户展现他们鲜活、丰富的生活。这些生活场景中用到或者相关产品的使用方法、实用性能，才是借助抖音营销想要让广大用户真正认识的东西，也是品牌商借助抖音运营想要达到的真实目的。

当品牌推广中融入了"人"之后，在让品牌产品变得鲜活起来的同时，也使得品牌管理因"人"的介入而变得更加丰富化和复杂化。简单来说，品牌商不但要对产品进行管理，还要对抖音短视频中的人物进行管理。通过对人物的管理，让短视频中的人物为品牌产品的推广服务。

未来，随着抖音短视频内容的不断丰富，以及人物融入方式的多样化，品牌借助抖音运营过程中，对品牌的管理将更加丰富化、复杂化。

第二章

品牌入驻：
品牌玩抖音运营是迈向成功的第一步

2018年抖音大火之际，各品牌也开始将目光投向了抖音，以期在抖音上挖掘更多的红利。品牌商借助抖音不仅能提升曝光率，扩大影响力，还能与年轻用户直接沟通，为品牌年轻化提供更有利的营销依据。不论何种品牌，如果借助抖音运营，第一步也是最关键的一步就是入驻抖音，成为抖音平台上的一员。

品牌抖音企业"蓝V号"注册、认证

刷抖音似乎已经成为人们生活中娱乐和消遣的一部分，也正是如此，使得越来越多的品牌商发现了抖音的存在，以及其蕴含的巨大商机。品牌商开始想方设法玩转抖音，借助抖音开展营销活动。

抖音企业号"蓝V"的权益

一个品牌，要想成功入驻抖音，首先就需要进行认证。抖音企业认证是抖音为广大大中小微企业提供的"内容+营销平台"。企业用户可以借助抖音短视频开展营销活动。

看到"蓝V"，就会想到"黄V"，"黄V"是微博个人认证，而"蓝V"是抖音企业认证。

自2018年6月1日以来，抖音短视频进一步发展，同时为企业入驻带来了开放性政策，正式推出抖音企业号"蓝V"认证功能。但凡符合认证条件的品牌企业，都可以在成功申请抖音企业官方号之后，获得官方认证"蓝V"标识，通过使用官方身份，借助短视频等内容输出形式，帮助品牌企业更好地借助抖音进行品牌营销。

品牌企业进行"蓝V"认证,实际上是对抖音平台企业号功能进行完善,在企业营销方面提供了更多赋能,并借助其强大的营销实力和营销价值吸引一大波企业用户入驻。"蓝V"认证对于品牌企业来讲是大有裨益的,即企业"蓝V号"经过认证后,可以享受以下营销特权:

1. 官方认证

(1)官方"蓝V"标识

官方"蓝V"标识与普通抖音用户相比,更加醒目,是官方身份的象征,同时也是企业的权威信用背书(见图2-1)。

(2)自定义头像

自定义头像,能够更加灵活地展现品牌营销所推广的商品,让用户一目了然。

(3)抖音搜索前置

搜索前置,可以增加品牌曝光量,让更多的用户关注到品牌。

图2-1 官方"蓝V"标识

(4)昵称唯一保护

昵称唯一保护,可以保证品牌方的昵称不会与别人重名,凸显了品牌昵称的唯一性。

2. 流量资源

(1)可发布60秒视频

普通抖音用户的短视频录制时间为15秒,而企业"蓝V"

号却可以拥有60秒的录制时间，有效增长了用户的停留时间，便于用户了解更多产品相关信息。

（2）可发布抖音挑战赛

抖音挑战赛是一种极好的互动营销方式，借助挑战赛，可以提升用户参与感，引来更多的关注。

（3）可设置广告导流

广告导流，可以为品牌增加流量，带来更多的目标用户。

（4）可置顶3个视频

视频主页置顶，可以提高重点内容主页内观看优先级。

（5）DOU+随时推广

"DOU+"是企业用户在抖音上实现流量变现的新方法。相当于淘宝上的直通车功能。换句话说，企业可以通过"DOU+"直接在抖音上购买流量推荐。拥有"DOU+"权益，企业就可以随时进行推广，以获取流量。

3. 官方导流

（1）官网链接导流设置

官网链接导流设置，可以引导用户点击官网链接，了解更多产品和品牌相关的信息。

（2）H5页面跳转设置

什么是"H5页面"？"H5页面"是通过微信和朋友圈快速传播的高级网页技术，其最大的特点就是在移动设备上支持多媒体。简单来说，像邀请函、幻灯片、小游戏等都是H5网页。H5页面等同于一个品牌的微官网，主要是向用户传达品牌的精神态度。H5页面跳转，可以用不同的视觉语言，让用户对品牌留下深刻的印象。

（3）本地店铺POI认领

"POI"即信息点，即地理信息，可以是一栋房子、一个商铺、一个公交站点等。"POI认领"是抖音专门为企业号提供的一项特殊功能。企业号在进行本地店铺POI认领后，可以在POI地址页展示店铺信息，并支持电话呼出。这一权益为企业提供了信息曝光与流量转化（见图2-2）。

（4）淘宝店铺跳转导流

淘宝店铺跳转导流，同样可以为企业店铺带来曝光和流量。

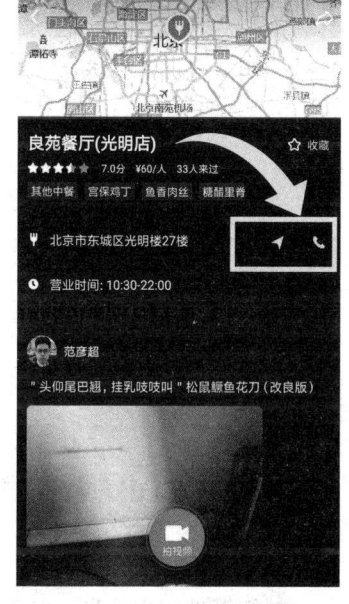

图2-2 本地店铺POI认领

（5）店铺产品功能展示

店铺产品功能展示，可以让用户更加直观地了解店铺产品的相关功能。

4. 营销洞察

自身品牌舆情监测

品牌舆情监测，是对企业工作环境、产品质量、产品销售业绩、服务质量、用户口碑等进行监测，从而全方位了解企业的品牌传播和危机舆情，由此帮助企业做出及时、适当的应对措施。

5. 用户管理

抖音"蓝V"企业号在原有抖音号的基础上，新增了用户管理功能。换句话说，通过"蓝V"认证的品牌企业，在用户管理功能方面，可以获得以下几方面的权益（见图2-3）：

```
    A                           B
精细管理用户信息              精准管理用户评论

    C                           D
与用户建立紧密联系            高效获取用户价值
```

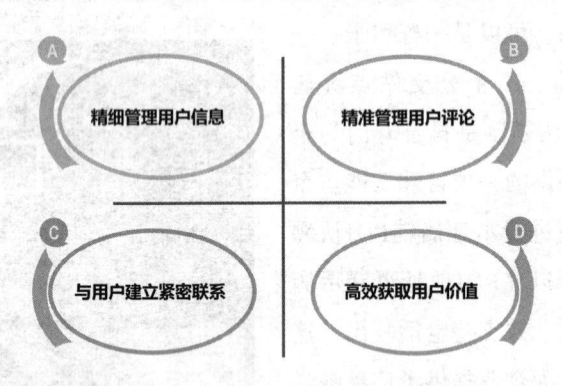

图2-3 通过"蓝V"认证的品牌企业，在用户管理功能方面，可以获得的权益

（1）精细管理用户信息

精细管理用户信息，对于品牌企业来讲，能够帮助其充分掌握用户信息，运筹帷幄。在这一方面，抖音蓝V认证可以帮助品牌企业：

①简单获取用户信息

抖音"蓝V"企业号还具有PC端回复私信的权利，这样对于品牌企业来讲，更加方便标注客户基础信息，包括意愿度、联系方式、所在区域等，同时也支持用户在当前的聊天页面添加深度标签。再者品牌企业可以自动同步部分用户资料，如性别、生日、年龄、星座等，方便品牌企业获得更加精准的用户画像，从而精准地掌握用户的即时动态。

当然，抖音平台是不会私自盗用用户信息的，抖音蓝V企业号所获得的用户信息都为公开展示的信息，所有信息仅限被关注的企业号自行查看，这样每一位用户的信息安全都得到了保障。

②针对意向分组标注

对于那些已经做出标记的用户，抖音"蓝V"企业号可以借助用户管理功能对其进行批量分组，并且将持有相同意愿的用户归为同一类。这一功能便于企业号对用户进行分类管理，提高用户的转化率。

③设置自定义标签

企业号可以借助用户管理功能对用户进行自定义。同一个用户最多可以设置五个自定义标签，每个标签只能使用五个字进行简短标记，以此来提高不同需求用户的精细化运营效果，有效提升用户的管理效率。

④一键查看历史会话

用户管理功能可以帮助品牌企业对每一位用户近期的会话进行二次查询，这样可以更加便于品牌企业了解用户信息，掌握用户表现，建立完善的用户体系。

（2）精准管理用户评论

经过"蓝V"认证的抖音企业号还可以获得PC端视频评论管理功能。运营者可以针对用户做出的某条评论进行删除、回复、置顶等操作，这样用户参与互动和评论的积极性就会增加。

（3）与用户建立紧密联系

经过"蓝V"认证的抖音企业号，还可以通过以下几种方式与用户建立紧密联系：

①通过PC端直接回复抖音私信，这样既能实现高效运营，又能有效减少运营工作量。

②企业号用户可以通过自助查询获得实时反馈，这样可以帮助品牌企业避免因回复不及时造成的用户流失。

③品牌企业还可以设置私信快捷回复、私信自定义菜单栏和关键词快捷回复，以此更好地增加品牌企业与用户之间沟通的维度和黏性，帮助企业号高效运营。

（4）高效获取用户价值

获得"蓝V"认证的抖音企业号，还可以借助用户管理功能，实现目标用户线索的大规模累积，从而在后续营销活动中对用户进行二次激活。这样可以保障品牌企业获取用户价值实现最大化。

一言之，经过"蓝V"认证的抖音企业号，能够在多重权益的基础上，携手品牌实现精细化高效运营，充分挖掘目标用户的价值，以促进抖音"蓝V"企业号在运营的过程中实现高效转化。

申请抖音企业号"蓝V"认证

既然"蓝V"认证过的抖音企业号能够拥有更多的权益，对品牌商运营有极大的帮助，那么品牌企业该如何申请抖音企业号"蓝V"呢？

抖音企业号注册及"蓝V"认证，具体操作步骤如下：

第一步：在PC端打开抖音认证页面，或直接登录抖音官网，在官网上方导航栏最右上方中找到"企业认证"，然后进入抖音企业号认证页面（见图2-4）。

第二章 品牌入驻：品牌玩抖音运营是迈向成功的第一步

图2-4　官网上方导航栏最右上方中找到"企业认证"

第二步：在打开的页面中找到"我要申请"按钮，并点击（见图2-5）。

图2-5　在打开的页面中找到"我要申请"

第三步：进入新的页面之后，系统会自动打卡登录界面，输入手机号绑定抖音，然后点击获取验证码。将验证码正确输入之后，点击"登录"（见图2-6）。

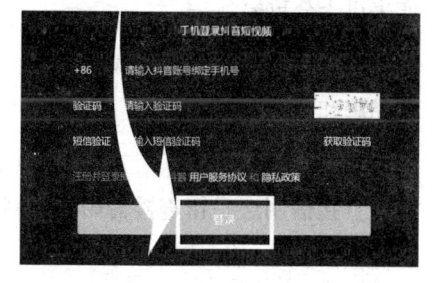

图2-6　将验证码正确输入之后点击"登录"

第四步：填写相关认证资料，包括用户名称、认证信息、企业名称、统一社会信用代码、行业分类和上传相关资质照片等。

第五步：支付注册、认证费用。

第六步：提交管理员审核，等待审核结果。通常1~7天可以得到回复。审核通过，便是注册申请成功。

第七步：认证资质全部审核通过之后，系统会在1个工作日内为品牌企业开启认证。认证成功后，可以看到抖音账号出现的"蓝V"标识。

然而，品牌成功注册抖音企业号，并进行"蓝V"认证，只是万里长征迈出的第一步。

设置昵称

企业抖音号昵称往往能折射出企业营销品牌的方向和特点。所以，一个好的昵称，能够让广大抖音用户铭记于心。一个出彩的昵称，可以带来更多的关注，引来更多的流量，进而提升变现概率。所以设置一个好的企业抖音号昵称，对于品牌商来讲十分重要。

通常，企业抖音号的昵称设置，应当更加注重实用性，要与品牌和产品有关。

1. 直接借用法

直接借用法是指直接借用其他网站、经销商、机构等名字（见图2-7）。如：

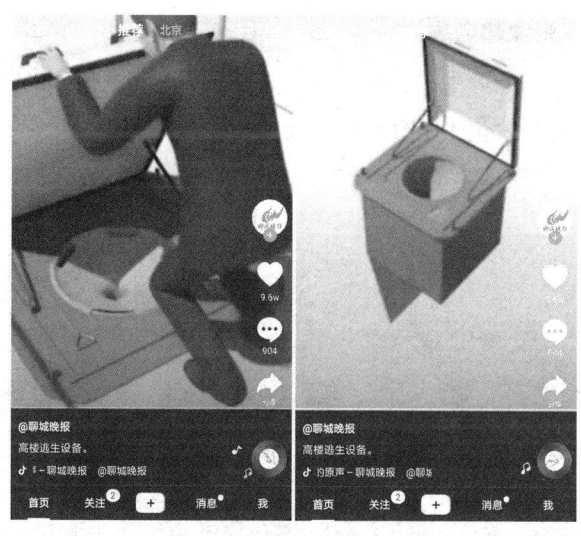

图2-7 直接借用起名法

@央视新闻（主推与央视新闻有关的产品内容）

@平安重庆（主要涵盖旅游、公安、共青团、法院、地方发布、文化等机构的内容）

@聊城晚报（主推《聊城晚报》相关的产品内容）

2. 实用分类起名法

实用分类法，即根据实际用途及功能进行昵称设置。如：

@古装爱好者（销售古装服饰）

@PS教学——点策课堂（PS教学推广）

@远方小程果园（销售水果类产品）

@减肥达人（销售减肥产品、减肥类教程）

@浦锐斯渔具厂（销售渔具类产品）

3. 形象起名法

通过形象的手法（包括拟人、比喻等）表现抽象事物，将抽象事物具体化（见图2-8）。如：

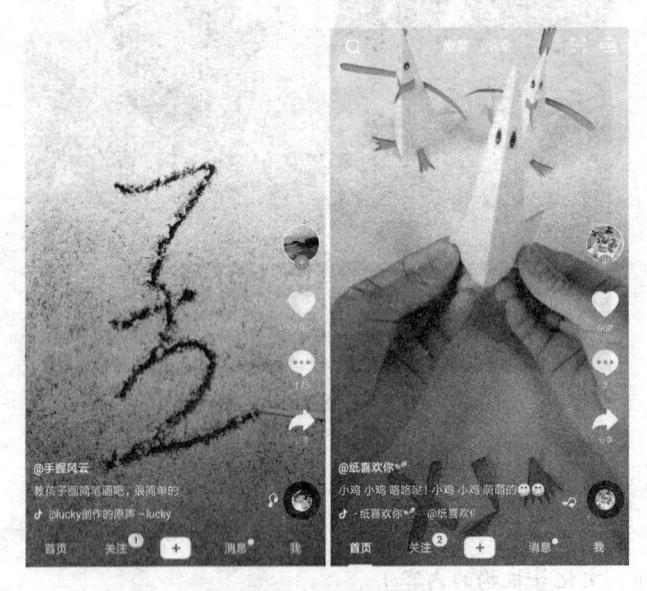

图2-8 形象起名法

@手握风云（毛笔字、简笔画类内容）

@纸喜欢你（教授一些折纸小手工）

4. 另类取名法

顾名思义，该种取名方法抛开了传统的取名方式，所起的名字看上去十分另类，更加富有新鲜感、趣味性。如：

@爱车趣行（销售健身跑步车之类的产品）

@哼哼哈哈（有关健身舞蹈之类的内容）

5. 区域行业起名法

区域行业起名法，即按照区域、行业进行起名的方法。如：

@大连鼎典时尚造型设计有限公司（进行发行设计）
@青岛美辰皮革制品（皮革制品定制）

总之，给企业抖音号设置昵称方法有很多，还可以根据热门、音乐、健康、时尚、学习、生活等多方面入手，使名字更具有趣味性，给人一种好玩、上口、好记的感觉。只有这样才能第一时间抓住围观者的眼球，吸引更多的围观者转化为消费者前来购买。因此，起一个好记上口的昵称很重要。

设置头像

头像好比是企业抖音号的门面，有一个好的门面，才能更好地吸引用户前来围观，进而实现引流和变现。所以，设置头像对于品牌商来讲也是十分重要的。

头像设置的过程中，需要把握住以下几方面的要点：

1. 头像与品牌相匹配

品牌商想要借助抖音实现引流和变现，那么所设置的头像，无论图片还是文字，或是图文相结合的形式，一定要与品牌内容相匹配。这样才能与品牌内容遥相呼应，给抖音围观用户形成有效记忆。

2. 头像要新颖才有吸引力

除了与品牌相匹配之外，头像设置还应当具有新颖的特点。往往越是新颖、新奇的东西,越能吸引人的眼球,赢得别人的关注。

很多抖音用户,在设置头像的过程中采用比较传统的图片、文字或者图文相结合的方式。但也有一些用户比较喜欢玩一些新潮的东西,在设置头像的时候,采用了透明头像。这种看似无头像的玩法,却激发了很多"抖友"的好奇心,纷纷对这个透明头像表现出极大的热情,进而在无意间也了解了该品牌的相关产品。

延伸阅读

抖音透明头像设置技巧

新奇、新潮的东西,往往是年轻人的最爱。而抖音的透明头像往往十分少见,对于年轻用户而言,更具吸引力。那么抖音透明头像如何设置呢?

第一步:获取透明头像的图片素材。首先,找一张空白透明图片,这类图片可以在百度自行搜索。但需要注意的是,一定要是用来做透明头像的素材,否则找一些普通空白图片是无效的。

第二步:将找到的空白透明图片保存到手机,之后进入微信,并上传这张图片。虽然这张图片在上传的时候显示的是黑色,不用担心,放心直接上传即可。

第三步:选择后,用手指将该上传图片放大,让这张空白图片尽可能地填满整个头像放置框。这一步十分关键,虽然用肉眼在此时看不到任何变化效果，但这一步必须做，否则难以达到最终透明的效果。

第四步：点击确定之后，就会发现，你的微信头像已经变为透明的了。

第五步：借助微信登录抖音，此时抖音会继承第一次微信登录后的微信头像作为抖音的头像。所以，只需要将微信头像设置为透明头像，抖音号的头像自然也就变成透明的了。

需要特别注意的是：

①确保微信从未登录过抖音。设置抖音透明头像，要确保你从来没有登录过抖音。因为，如果微信登录过抖音，即便后将微信头像更换为透明的，但抖音里的头像依然是之前第一次登录后继承的头像，不会随着微信头像的变化而变化。

②把控好时间。微信更改为透明头像之后，一定要把控好登录抖音的时间，通常大概一小时左右再去登录抖音，否则会因为服务器没有及时刷新，而使得抖音的头像变为微信改为透明头像之前的头像。

企业号运营

抖音在发展的过程中，用户数量不断增加，用户的边界也不断扩大。尤其是2018年6月1日推出抖音"蓝V"企业号之后，各个大中小微企业也都开始向抖音挺进。虽然目前"蓝V"企业号的发展还处于初级阶段，但在"蓝V"背后蕴藏的巨大红利是不容忽视的。

正所谓"知己知彼，百战不殆"。当前，各个品牌企业要想制定企业"蓝V"运营策略，首先就需要对当前的"蓝V"发展状况进行分析：

1. 用户现状

2018年12月13日，抖音正式发布了《2019抖音企业蓝V生态计划》，在该计划中，抖音提出的相关数据显示："目前，短视频独立用户数量已经达到5.08亿，男女比例为45∶55，占国内网民总数的46%，这意味着每两个互联网用户中，就有1个使用短视频。现阶段企业蓝V用户数量已经超过3000家，其中企业号占比达到9成。另外，拥有粉丝数量在1万以上的企业'蓝V'号占总抖音用户数量的13.22%，1万以下的活跃企业'蓝V'号，占比高达86.78%。粉丝数量在10万以内的企业'蓝V'

号大约占总数的80%，而粉丝数量达到100万的企业'蓝V'号不到2%。"

显然，当前抖音企业"蓝V"号在整个抖音发展中，呈现出一种倒金字塔的结构。这充分说明，当前，抖音企业"蓝V"号处于运营的初级阶段。

2. 内容质量

《2019抖音企业"蓝V"生态计划》中还显示：当前，抖音企业"蓝V"号与抖音整体发展相比，其完播率是87∶100，点赞率是84∶100，评论比是33∶100。

当前，从广大企业"蓝V"号与抖音整体发展的完播率、点赞率、评论率可以看出，大多数企业"蓝V"号运营者将工作重点放在了营销互动层面，在内容方面的发展却十分欠缺。长此以往，这样的过度营销行为会破坏内容展示的有效性和趣味性。

企业号定位原则

不管是个人号还是企业号，在开始运营之前，首要任务就是为自己做好定位，明确自己想吸引的是哪类用户，用什么样的方法才能吸引用户的关注。只有明确这些问题，才能在日积月累的过程中，吸引到属于自己精准用户，从而实现从量到质的飞跃。否则，一切忙碌的运营都是徒劳的。

当企业号获得"蓝V"认证之后，就意味着企业号拥有了明确的身份。此时，企业号应当将重点放在自己的账号定位上。

企业号进行自我定位，首先要遵循以下原则（见图2-9）：

- 01 长线运营原则
- 02 贯穿品牌理念原则
- 03 内容风格统一原则

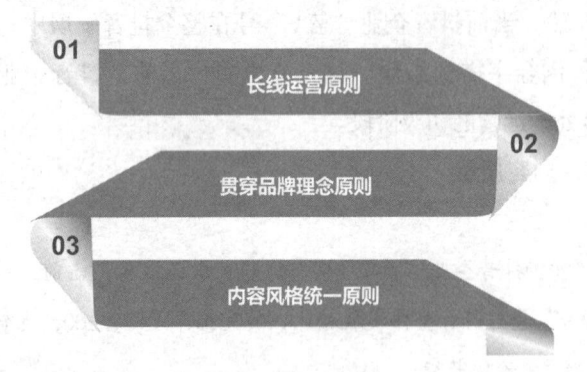

图2-9 企业号进行自我定位遵循的三个原则

1. 长线运营原则

正所谓"放长线，钓大鱼"。企业号运营的过程中，也应当遵循长线营销原则。因为，品牌企业借助抖音企业号运营，想要一夜暴富是不可能的，因此运营者应当将眼光放得长远些。企业如果将注意力放在眼前利益上，那么就会以创造顾客为目的；如果想要长久地经营下去，获得源源不断的客户，就要在营销的过程中立足长远利益。所以，在抖音上投放短视频内容，不是一蹴而就的，而是需要一个长期投放、长期经营的过程。只有经过长期不断投放，才能让更多的用户发现、认识、了解品牌，加深用户的信赖和好感。而企业号的长线运营与粉丝的长期互动，不仅是获取自然流量，占领用户心智的长效方式，也可以弥补非宣传期品牌热度降低的缺口，用一种更加持久的姿态保证品牌在用户中的存在感。

2. 贯穿品牌理念原则

企业借助抖音开展营销活动，目的就是增加流量、提升销量。所以，企业号要时刻将品牌理念贯穿到短视频内容中。这样，用户在观看短视频的时候，能够时刻感受到企业品牌所蕴含的理念，并在用户脑海中对品牌理念进行反复强化，最终形成深刻的记忆，让企业品牌理念深入人心。

3. 内容风格统一原则

借助抖音短视频运营，核心在于获取粉丝，从而打通和找到一个稳定、长期并且能够免费获得粉丝的途径。等到粉丝成为铁杆粉的时候，就可以为品牌引来新粉丝，实现变现。所以，在制作内容时，一定要确定自己想要的粉丝标签，并围绕这个标签去创作。在运营过程中，最忌讳的就是中途改账号属性。比如之前是做一个类目的，后来发现这个类目的引流效果不是很满意，就换个类目去做。这样是绝对不行的，因为账号属性一旦被抖音定位之后，或者在原有账号属性的基础上已经赢得了一小部分粉丝，如果此时去改账号属性，就会让已经拥有的粉丝对属性更改后发布的内容"不感冒"，他们一旦不喜欢这些新发布的内容，就会逐渐"脱粉"，去寻求新的、更加感兴趣的抖音号。这样做不但影响企业号的视频播放量，还会影响整个企业号的权重。所以，企业号在运营的过程中，一定要注重内容风格的统一。

企业号的核心价值

企业为何要申请抖音企业号，并进行注册？企业号的核心价值是什么呢?

抖音企业号对于品牌企业来讲,其核心价值主要有两点:

1. 建立品牌在短视频平台上的用户资产

通常,绝大多数品牌在借助短视频进行营销的过程中,只会进行一次性投放,但视频传播结束之后,给企业留下的仅仅是一些曝光数据,并无实际价值。而企业在注册了抖音企业号之后,就可以通过抖音平台的曝光,以及带来的用户数据进行沉淀,最终将这些用户变为品牌粉丝。这样,对于企业而言,积累的粉丝越多,则意味着营销企业的营销成本将会越来越低。可见,用户在一定程度上就是品牌企业的价值资产。

2. 与年轻用户进行更加深入的沟通

抖音的绝大多数用户都是年轻群体,其中60%~70%的用户都处在"95后"至"00后"范围内,这些年轻人可以说是市场中起到主导性作用的消费群体。这个群体是品牌企业攻城略地的重要阵地,所以企业可以借助抖音平台与这些代表重要消费力量的群体进行接触,从而更好地了解其喜好特点。所以,借助抖音企业号,可以帮助品牌在全新消费市场中进行转型,并且还可以为品牌商开展营销活动提供一个非常好的营销依据。

以上两方面的价值,正是企业注册抖音企业号进行品牌运营的重要原因。

企业号运营思路

正所谓"思路决定高度"。品牌企业借助抖音企业号运营，同样需要思路先行。有了好的思路做指引，企业号运营才会有方向，才会事半功倍。

抖音企业号运营的思路应当遵循以下三点（见图2-10）：

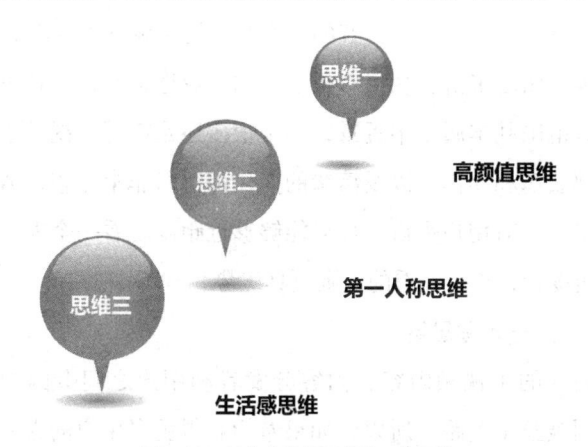

图2-10　抖音企业号运营的三大思维

1. 高颜值思维

因为抖音平台是通过短视频向用户传递品牌和产品信息的。所以，门面很重要。虽然一个好门面在企业运营中不是万能的，但没有高颜值也是万万不能的。

根据相关数据统计显示：抖音上喜欢发内容的用户大多数是年轻用户，他们的年龄段集中在21~25岁之间。而从用户性别比例来看，男女比例基本接近4∶6。

可见，女性在用户中占很大的比例。而女性天生对美有一种专注、执着的追求和渴望，她们更加注重审美。所以，在内容策划上，如果可以找到高颜值的关键意见领袖（KOL），那么在运营过程中就可以省去很大的心力。

除此以外,女性也更加偏好一些有趣、可爱、萌萌的事物,所以很多萌宠类的"大V"也聚集在抖音平台上。

最重要的一点是,抖音的内容是以短视频的形式存在的。站在美学角度来讲,从摄影机取景的专业性来看,抖音里的人物取景范围基本属于中近景,甚至很多还是特写。视频中更多的面部表情和动作,以及情绪的变化都得以非常完整、清晰地展现出来。对用户来讲,如果能够够近距离看看一个人,即便是多角度看,长得好看的人则更具优势。

2. 第一人称思维

同样的短视频内容,内容分发者和用户之间会因为人称的原因被拉出差距。所以,如果希望获得更多用户的喜爱,希望激发用户的互动积极性,最好用第一人称叙事的方式和用户交流。换句话说,用拟人化的方法,直接代表企业对着手机表达自己的想法和意见,这样用户会自动成为与你交流的对象。如果内容过于站在旁观者的角度,就会让用户变为"吃瓜群众",在手机的另一端乐呵地看热闹,自然也不会主动站出来与你形成互动效应。

3. 生活感思维

要想让用户能够融入内容中的环境,并能够快速融入关键意见领袖(KOL)的世界,就需要录制内容中融入实实在在的生活场景。这样才更容易让用户快速走进内容中,并乐于与关键意见领袖形成互动。内容源于生活,才能产生意想不到的营销效果。

试想,原本一个实实在在的生活场景却被放置在搭建的摄影棚中完成，势必降低人们的视觉效果，破坏实实在在的生活感，让用户感觉失真，这样也就难以提起他们关注的兴趣。

企业号运营目标规划

做任何事情，都要有规划性。企业号运营的过程中，也要讲究策略。

具体运营规划如下：

第一步，进行整体目标规划

做抖音企业号运营，关键在于达到想要实现的营销目的。抖音企业号运营主要是为了实现三个目标：曝光、口碑、转化。

第二步：打造内容生态

打造短视频内容生态，就应当使内容具有人格化、虚拟化、情感化特点。具有这些特点的内容可以帮助企业号实现营销目标。

第三步：确定营销规划，实现营销目标

在确定营销目标和内容之后，企业应该着重考虑的是如何才能让内容在抖音平台产生更好的传播效果。

内容人格化是企业号运营的关键。因为，人格化的内容能够帮助企业实现营销目标，与此同时，还能有效展现内容形态。总之，内容人格化是品牌企业进行有效传播过程中一个非常核心的部分。

图2-11 三只松鼠的人格化品牌营销

　　三只松鼠的企业号在运营过程中，就将三只可爱的松鼠进行了人格化设置，用动画和3D效果，再配上可爱萌萌的表情，更加饱满、立体地展现在用户面前，在零食圈子里刮起了"松鼠"风。这种动画和3D效果，深得年轻人的喜爱，并成功在年轻消费者心中烙下深深的烙痕，这样就助推了三只松鼠运营推广战略的实施。

　　企业号如果能做好以上三个步骤，为企业赢得高效运营成果则不再是难事。

构建运营团队

随着抖音表现出强大传播能力和带货能力，品牌企业纷纷入驻抖音，希望借助抖音为自己开启一扇新的赢利大门。再加上当前刷抖音已经成为众多年轻人生活中的一部分，所以品牌企业开通抖音号，是当前非常有效的全新营销手段。

企业要想利用抖音做好运营，还需要组建强大的运营团队，为整个企业号运营提供高效服务。

配备运营团队

虽然抖音和微博、微信都属于新媒体渠道，但企业借助抖音号运营的过程，却和微博、微信运营大不相同，并不只是微博、微信运营的简单转移。

抖音企业号要做好运营，需要配备专门的运营团队来操盘。在人员构成方面，一个成熟的抖音运营团队，应当包括内容创作、内容与数据分析、粉丝运营三大方面的人员，从而实现专业化运营（见图2-12）。

1. **内容创作人员**

内容创作人员是整个团队中的先导力量。内容创作人员中，需要更专业的短视频团队，而且还要有策划、编剧等创意人员。除此以外，还需要出色的出镜演员、摄像、后期加工剪辑、运营等专业人员。好的内容创作团队，可以为企业号带来更多优质内容：

一方面：内容创作人员能够制定精良的内容规划，并按照规划制作出连续性主题内容或活动。同时，还能按照品牌本身的调性来统一内容风格。

另一方面，能够将创意分析人员提出的热点内容进行创意落地。

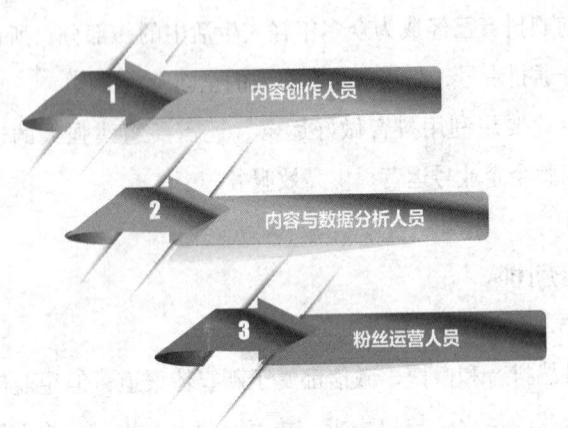

图2-12 抖音企业号运营团队的人员构成

2. 内容与数据分析人员

抖音企业号运营中，内容与数据分析人员是幕后重要的团队组成部分。内容与数据分析人员在整个运营过程中，负责实时了解平台最新动态、热门玩法、热点信息，以及挖掘用户数据，为用户画像，进行阶段性数据评估分析，进行详细的指标检测和舆情分析，并负责创新玩法与自由品牌调性的结合，为内容创作人员提供可参考数据信息，以打造出优质的创意内容。所以，内容数据分析人员表面上看对企业号运营无关紧要，但实则是最不可或缺的一部分。

3. 粉丝运营人员

企业借助抖音运营，其目的就是最大限度地斩获流量，获取粉丝。然而，好不容易吸引来的粉丝，如果对其存留听之任之，势必不能实现销量的高效转化，这样无异于白忙活一场。对粉丝进行有效的运营，可以为品牌企业带来更多看得见的盈利。所以，企业号组建运营团队，还需要配备粉丝运营人员。粉丝运营人员能够更好地了解粉丝人群组成、粉丝兴趣偏好，能够知道如何与粉丝做朋友，能够即时回复粉丝留言以及私信，还可以根据粉丝需求发起运营活动。这些都是与粉丝建立良好互动关系，延长粉丝留存周期的重要工作。

总之，抖音企业号团队的打造不能忽视和轻率。尤其是对于大型企业来讲，一人身兼数职，是很难做到周到、全面运营的。抖音营销是一个需要长期运维的过程，一夜爆红的概率基本为零。只有分工明确的团队，才能让企业在抖音运营的路上走得更好更远。而对于中小微企业来讲，企业号简单易上手，投入精力去运营，就能在一段时间后看到意想不到的成效。因此，唯有一支精锐的运营团队，才能为企业在抖音上赢得更好的口碑，赢得更多的流量，赢得更加可观的收入。

运营团队构建要点

当前，"双微一抖"已经成为企业运营的标配，抖音作为一个代表新潮与市场的平台,其运营模式更需要富有创新性。这就需要企业号构建的运营团队需要把握好以下几个要点(见图2-13):

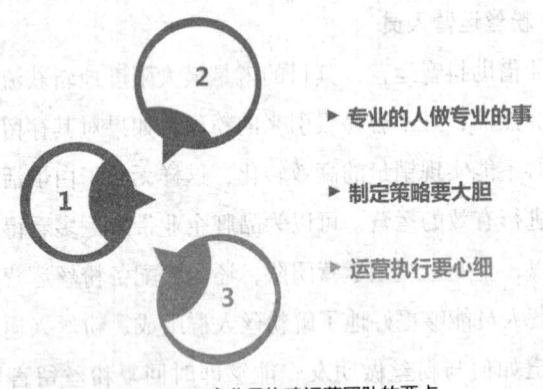

图2-13 企业号构建运营团队的要点

- ▶ 专业的人做专业的事
- ▶ 制定策略要大胆
- ▶ 运营执行要心细

1. 专业的人做专业的事

短视频的创作本身就对专业性提出了更高的要求,也正是因此,如果企业内部自己构建抖音运营团队,需要加强团队成员的专业性,这样才能使抖音企业号在运营的过程中达到理想的效果。一个专业的企业号运营团队往往需要对抖音平台特点、爆款内容形式、推荐流程和算法规则、官方资源和运营技巧等方面,都具备丰富的实战经验,并且能结合品牌调性和定位,制定好内容策略和运营规则,帮助品牌在抖音上快速引爆关注。

2. 制定策略要大胆

当前信息化时代,人们的头脑更加灵活,制定出的各种运营策略更加大胆新奇。作为品牌商,任何一个新媒体、新技术的诞生,都值得花时间和精力去大胆尝试和探究,为品牌营销寻找更多的机会。所以，企业号要想借助抖音这样更加新潮的平台开展营销活动，就需要企业构建的运营团队成员能够更加大胆和富有创新意识，这样才能创造在众多用户眼前一亮的内容，才能用更好的方法吸引用户关注，并实现快速变现。只有这样，企业才能在众多竞争者中脱颖而出。

当前，已经入驻抖音平台的品牌中，如Adidas neo、小米手机、腾讯、联想、奥迪、京东、阿里巴巴等品牌，先不说他们目前在抖音上做品牌运营做得怎么样，值得肯定的是，他们都是第一波敢于吃螃蟹的人。他们的运营团队的大胆尝试给他们带来的回报是，吸引了大量用户关注，成为让人瞩目的对象。

当然，一个大胆的品牌策略需要企业做出一些艰难的决策，甚至面临一定的风险。但是大胆、冒险也是有好处的，因为很多时候大胆、冒险的背后往往隐藏着更加强盛的生机。品牌企业要想在消费者面前保持自己的权威，要想快速占领市场份额，只依靠旧有的模式是无法为企业发展带来机会的。

3. 运营执行要心细

做企业运营，说一千道一万，不如伸手做一遍。尤其对于抖音企业号而言，运营团队最重要的是抬头看路，细心走路。这样，才能在执行的过程中做好稳中有细。

抖音作为新的短视频运营形式，对于每个企业都是摸着石头过河，没有谁能打保票说自己的运营方式就是最好的，最有用的。所以，细心是运营团队在执行过程中应当做到的最基本的事情。

第三章

视频创新：
别让好抖音视频石沉大海

抖音运营，本质就是借助短视频的形式展开，短视频制作的好坏是关键。然而，并不是每个企业号的短视频都能为品牌带来流量和销量，很多企业号投放短视频之后，却一直没有关注、没有点赞，一直火不起来。要知道，没有无缘无故的成功，也没有无缘无故的失败。没有哪个企业号的抖音短视频能够随随便便火爆，掌握一定的视频创作技巧，才能让你的短视频内容不会石沉大海。

视频定位：方向比努力更重要

在抖音平台上，火了不少视频，更有不少品牌企业在抖音上玩得风生水起，企业借助抖音开展营销活动，抢占抖音短视频红利，已经成为当下的一种新潮和趋势。既然是利用抖音短视频进行营销，打造精良的短视频则是企业号运营的最基本工作。而视频定位则是最首要的，也是最关键的一步。因为任何时候，方向都比努力更重要。

内容定位：注重垂直和细分

短视频制作的目的，就是通过一个短视频内容，让多方用户需求达到统一。只有用户欣赏其精彩内容，才能收获海量粉丝，进而实现赢得巨大销量的目的。这也是企业号借助抖音短视频获取红利的重点方向。

品牌借助抖音短视频运营的本质，其实是内容运营。

美拍发布的《短视频达人发展趋势报告》中给出的数据显示：当前短视频内容方面呈现三大趋势：

■垂直细分领域成为全新内容发力点

■个人符号化特征愈发强烈

■高品质、标新立异的优质短视频内容更容易突围

在当前更加注重内容创新的时代,任何形式的品牌运营都离不开优质内容的打造。美拍作为短视频平台中的一员,其发布的《短视频达人发展趋势报告》中有关短视频内容的三大趋势,就是对整个短视频领域内容发展趋势的总结。这充分说明,注重内容垂直细分,已经成为当下企业竞争的发力点。换句话说,越是垂直细分的内容,商业变现就越容易。

那么,什么是垂直细分呢?垂直细分就是聚焦某个分类极为详细的领域。

举个简单的例子。企业经营类型有美食类、健康类、汽车类、服装类……但这些只是粗犷的分类,因为美食类又可以分为南方美食、北方美食,而南方美食又可以分为川湘菜、粤菜等,北方美食又可以细分为东北菜、鲁菜等,而川湘菜、粤菜、东北菜、鲁菜又可以分别进行细分,甚至可以具体到某几个特定菜品。这就是垂直细分。

任何一个领域都可以进行垂直细分,而每个细分领域又有不同的分类,并且用户对每个不同的细分领域又有着不同的喜爱度和关注度。从当前抖音短视频的发展现状来看,从需求端来讲,全抖音平台的视频内容用户依然有着十分巨大的细分垂直类内容需求。从全抖音平台来看,与其他内容相比,泛娱乐内容的垂直细分领域还有极大的挖掘和开发空间。因此,可以

认为一些能够引发用户进行深度思考的垂直细分内容，以及一些相对严肃的知识类垂直细分内容，对于广大品牌企业来讲，在运营过程中具有更强的生命力。所以，品牌方借助抖音短视频进行运营，在进行内容定位的时候，应当将内容的垂直与细分作为定位的重点方向。

1. 抖音短视频与垂直细分内容的关系

抖音短视频内容往往具有较高的传播效率，具有一定的获客能力。品牌方借助抖音短视频运营的过程中，应当明白抖音短视频与垂直细分内容之间存在的关系。

（1）品牌借助抖音短视频内容的获客量存在"天花板"

垂直细分内容所带来的用户总量往往是存在"天花板"的。因为垂直细分领域的内容虽然获客更加容易，变现也更加容易，但越是细分，用户数量就越精且少。即便内容如何优质，能够获得的用户总量在达到一定基数之后，即便以后再努力，提升的空间却变得越来越小。所以，品牌方在策划和孵化一个垂直细分内容的时候，一定要事先做好市场容量和用户基数调研，在此基础上预估整个细分市场目标用户总量，从而制定更加优质的获客方案，同时还能在那些与垂直细分内容无关的方面有效节约不必要的获客成本。

（2）垂直细分内容和用户之间存在一定的关联性

如今，用户的需求越来越细分化，这样抖音短视频内容的垂直细分，就与用户需求更加趋于吻合。如果短视频内容选题能够紧扣用户细分需求和重点，在抖音平台上播放后，就能够直接触达目标用户，进而使得这些目标用户更加具有精准性。对于品牌方而言，垂直细分内容有助于其实现精准营销，能够最大限度地放大其引流和变现价值。

（3）短视频内容的打造一定要重视品牌价值的传递

垂直细分的短视频内容，一定要重视品牌价值的传递，然后再结合各种方式让内容吸引用户关注，并快速形成记忆，让用户对后续内容产生强烈的期待感。

某一品牌在抖音上的播放频率是日播，那么其打造的垂直细分短视频内容就能和用户天天见面。当这种内容投放方式连续持续一个月甚至是一年时间时，用户对这种内容的"吸食"已经形成了一种习惯，甚至上瘾。这样基于品牌价值的垂直细分短视频内容的投放，就已经收获了非常好的效果。

2. 打造抖音垂直细分短视频的优势

（1）在"去中心化"之后，有利于"新中心"的建立

抖音垂直细分短视频内容，可以实现将垂直领域的专业化信息快速直接地发送到目标用户，这样就省去了中间的其他传输渠道。可以说，抖音垂直细分短视频内容，既是内容，又是媒介，既是品牌，又是服务。

（2）左右用户下单的"最后一公里"

垂直细分短视频内容往往能够为品牌带来该领域用户的快速聚集。就像一个小型社区一样，是垂直细分领域产品实现消费的最好评测与消费体验交流。当下，很多消费行为都是在盲目和冲动下产生的。但未来，用户的消费决策和消费行为，一定是经过一个更复杂的思考路径才得以产生的。谁能影响用户的消费决策，拿下这"最后一公里"，谁就能在垂直领域占据

一席之地。

抖音垂直细分短视频内容，正好是推动用户产生下单行为的一种有效路径。所以，把抖音垂直细分短视频看作是左右用户下单的"最后一公里"，是非常贴切的（见图3-1）。

左右用户下单的"最后一公里"

在"去中心化"之后，有利于"新中心"的建立

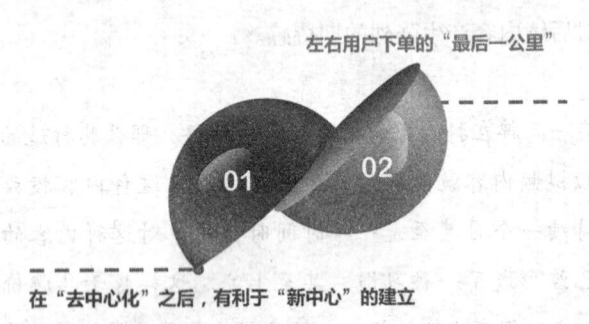

图3-1　打造抖音垂直细分短视频的优势

3. 品牌打造垂直细分短视频内容的方法

打造垂直细分短视频内容不能盲目进行，品牌方需要从以下几方面着手：

（1）深度探索和创新

在挖掘品牌垂直细分内容时，企业号运营团队一定要注重探索和创新，往往内容创新性越强，越具有高度吸引力。比如那些目前还没有出现竞争对手的细分领域，这些领域是尚未被开垦的"处女地"，企业号运营团队可以充分发挥创新能力去生产相关内容。而且，这些领域的内容对于用户来讲，更能激起其关注热情。

很多品牌商往往是借助抖音平台为自己的品牌和产品引入生活场景中进行宣传，但这种内容并没有新意和创新点。而

抖音平台上有这样一位用户——"@老爸测评","@老爸测评"的主创人是"魏老爸",他是国际化学品法规专家,有十年出入境检验检疫工作经验。虽然他也在做电商,但却能从内容的垂直和细分进行探索和创新,"@老爸测评"走的路线是"与有毒有害用品死磕到底"。他用科学的方法对一些日用品、食物成分等进行测评,用最直观浅显的方式展示并推断出结论,在测评结束之后,还会将检测费用和检测成本一一列出,最终为广大用户选出一些推荐品牌(见图3-2)。

图3-2 "@老爸测评"

"@老爸测评"入驻抖音以来,截至2019年1月16日,共投放作品148个,收获了742.3万抖音粉丝,共获得点赞数达到1617.5万,点赞转化比超过1/2。

（2）注重内容分发以快速触达用户

这里的"内容分发"，其实应当从分发的广度和精度两方面对企业号运营团队提出要求。因为，内容分发的广度越广，抖音短视频所能覆盖的用户就越多；内容分发的精度越精，则能在更加精简、更加细分的渠道，以更快的速度触达目标用户。

做内容分发，还应当注重垂直细分视频内容的生产总量，以及内容上线率。日播往往和周播、半月播相比，能够更快触及用户，占据用户心神。

（3）做有价值的细分内容，沉淀用户

一个好的抖音短视频，必定是有流量转化价值、能沉淀用户的内容。抖音短视频中的垂直细分内容其价值在于触达用户，满足其深层次的需求，更重要的是能在每个用户身上深挖各种商业价值。所以，抖音短视频的垂直细分内容，一定要将最终获客数量，以及流量变现作为价值衡量的标准。否则，只关注流量，没有商业价值，对于垂直细分内容来讲没有任何意义。

场景定位：注重用户体验才是王道

什么是场景？场景即是在一定的时间、空间里，特定人物产生的行为和人物关系所构成的具体生活情景画面。营销领域的"场景"是社会环境与自然环境的叠加。换句话说，就是在一定的时间、空间中融入人物、事件，从而创造出新的体验。

在现实生活中，处处是场景，每个人的生活都离不开场景。在商业活动中，便捷的购物场景、高效的购物环节等都能成为消费者快速、高频产生消费行为的关键。显然，越来越多的购物场景正在影响和改变消费者的消费决策。

品牌借助抖音展开营销活动，同样需要注重场景的搭建。品牌抖音营销早已经超越了以往图文时代的营销方式，也使得抖音短视频成为一种能够真正锁定用户注意力的全新的表现形式。然而，品牌基于抖音短视频营销的路上，一个能够强力吸引用户的原因在于高度"场景化"。

视频录制的场景，无论是田间地头，还是城市商超，无论是教授美食制作，还是传授钓鱼技巧，与生活高度贴近的场景更能吸引用户关注，并使用户产生兴趣。抖音短视频内容中的原生场景，成为品牌借助抖音运营中最有广告开发价值的部分。

所以，品牌商只有充分利用短视频内容场景，才能为广大用户提供更加精准的、基于场景化的品牌、产品宣传，进而与视频的消费用户进行互动，这样的商业模式才能为品牌产生更高的商业价值。

可以说，抖音短视频场景化是当前一种全新的运营模式：

一方面，通过短视频场景化技术将视频内容进行多场景重组，让视频呈现不再单一化，有效提升商业盈利效率。

另一方面，借助场景化互动服务有效提升用户的兴趣和黏性，让视频消费从原来简单的单向观看变为双向互动，在以用户为中心的基础上，为用户带来更多有价值的内容，同时也为品牌商的变现带来了更多的机会。

显然，短视频内容场景化在品牌运营过程中具有举足轻重的作用。因此，在进行短视频定位的时候，除了内容定位，还需要对短视频录制场景进行定位。

具体来讲，品牌借助抖音进行短视频场景定位，需要做好以下几点：

1. 短视频录制场景与内容相匹配

如果说抖音短视频内容是品牌方运营的"必需品"，那么短视频录制场景则是内容优化的"加速器"。简单来讲，抖音短视频场景化是加速内容价值变现的工具，而场景是为内容服务的。因此，品牌在策划抖音短视频运营的时候，应当使短视频录制场景与内容相匹配，这样富有深意的内容能够更加凸显，更能让人留下深刻的印象。

抖音"这货真有意思"，其品牌商为了推销一款擦玻璃"神器"，在抖音短视频中给用户演示这款"神器"的神奇之处：即高楼层居民能够借助这款擦玻璃"神器"轻松搞定玻璃清洁工作，同时还不用为人身安全而担心。视频中选取的场景是一个高楼层住户家中的阳台处，并在这个场景中向广大抖音用户展示擦玻璃神器的使用方法和使用效果。显然，这一场景的选取，是生活中非常真实的一角，能够让广大用户更加直观地了解产品的使用方法和产生的神奇效果，让用户获得真实的体验，并且能对该产品形成很好的记忆。

2. 打造注重用户体验的短视频场景

随着全新商业时代的到来，人们的购买逻辑发生了变化，不再只是紧盯产品价格的商场购物形式，而是更多的愿意为特定的场景解决方案付费，更加注重场景化体验。品牌基于抖音短视频进行运营，应当打造符合广大用户对场景化体验需求的场景，借助场景化短视频内容来吸引并增强抖音用户对品牌的粘性。要知道，需求即产品、产品即场景、场景即流量、流量即销量。

3. 打造符合用户生活的真实场景

其实，用户之所以产生消费行为，是因为消费行为是在特定场景下而产生的。用户通过场景可以更好地认识产品。所以，品牌商应当将产品卖点与用户需求相连接，通过真实的、辨识度高的场景化内容，有效触动用户的痛点和痒点，引起用户的情感共鸣，激发用户的购买欲望。

总之，抖音的火爆，使其成为各品牌竞争的主战场，并且随之而来的是各领域品牌借助抖音场景化短视频内容开展营销活动浪潮的涌现。抖音短视频内容的场景化，注重用户体验才是王道。这样的场景有利于品牌方更好地推广品牌产品，使得短视频内容的价值得到更好的体现。同时，用最合适的场景能够让品牌快速扩散，并在众多竞争对手中快速脱颖而出。

播主定位：打造个人IP，加强粉丝长效记忆

无论是大型企业，还是中小微型企业，借助抖音短视频进行运营，开展营销活动，如果没有经过深思熟虑，或者只走别人走过的路，能够获得成功的可能性很小。如果寻找并确定适合自己的模式，则品牌企业借助抖音实现商业变现就成功了一半。

抖音短视频定位，在内容定位、场景定位之余，品牌方还应当做好自身人物定位，即做好抖音播主定位。抖音短视频人物定位，主要是为了打造个人IP，可以让短视频通过鲜活的人物形象而充满生机和活力，从而在用户中间形成长效记忆。

那么抖音短视频人物定位应当遵从哪些要点呢（见图3-3）？

01 符合品牌特性的精准定位

02 定位于特定行业中的专家

03 定位应当注重个人鲜明IP的打造

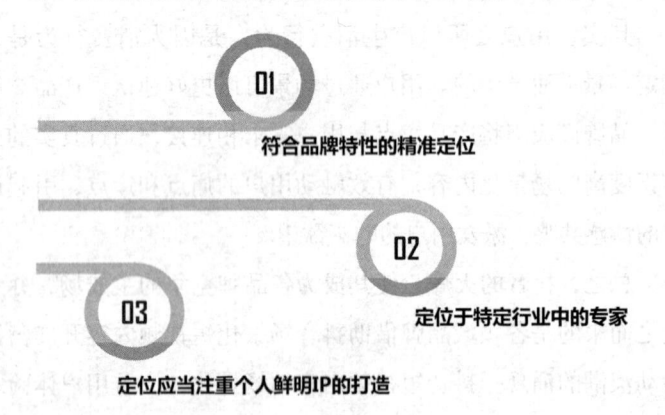

图3-3 抖音短视频人物定位的方向

1. 符合品牌特性的精准定位

抖音播主主要是向抖音用户传递有关品牌和产品的信息，从而让广大抖音用户通过短视频的方式更好地了解你的产品的真实情况，进而爱上产品和品牌，成为品牌的"真爱粉"。所以，品牌方在对抖音播主进行定位时，要结合自身品牌调性，选择更加适合的抖音播主为品牌代言，才能产生最佳的品牌宣传效果。

Adidas本身是一个崇尚运动的服装品牌，其目标用户是新时代的年轻人。Adidas neo在2018年1月入驻抖音平台，3月份正式开始开展品牌主页合作，开始精细化运营抖音号。而在进行人物定位的时候，Adidas选择一些更加"爱动""好动"的年轻时尚明星做播主，如《奔跑吧》节目常驻嘉宾郑凯，以及特约嘉宾迪丽热巴，他们参与《奔跑吧》节目，本身就自带"爱动""好动"的形象特点，其形象特点与Adidas品牌特色极度吻合。所以，选择郑凯和迪丽热巴作为抖音短视频的播主，充分实现了精准定位。

2. 定位于特定行业中的专家

品牌方借助抖音短视频进行运营，其重要的一点就是借助抖音短视频对用户进行"攻心"。基于这一点，也正是抖音运营人物定位的关键点。品牌方与用户之间建立起关系并不是简单地做品牌传播，其最有效方法就是通过专业知识和服务，帮助用户解决痛点问题。再加上行业专家本身掌握知识的专业性很强，有相对高明的见地，在专业方面有很强的话语权，更容易获得用户的信赖。因此，抖音播主成为品牌所在行业的专家，是品牌商攻城略地的重要法宝，也是实现人物定位的一个重点方向。

3. 定位应当注重个人鲜明IP的打造

抖音短视频播主的个人形象代表了品牌商的形象，而这个固定形象就被称为个人IP。换句话说，抖音短视频个人IP是品牌IP的一种体现形式。所以说，抖音播主定位应当注重鲜明个人IP的打造。

那么如何打造让人印象深刻的IP呢？

自我形象往往是IP的一种外在和内在体现，播主自我形象的塑造，应当从以下几方面入手：

（1）定位明确的IP名

好的IP通常需要一个响亮的、让人能记得住的名字，抖音上，很多播主给自己起了好听、好记的名字。

如"@老爸测评"的播主"魏老爸"，名字通俗好记。

（2）口头禅

周杰伦的一句"哎呦，不错哦"成为他的口头禅，让人一听到这句话就想到了周杰伦；冯巩每年春晚的"想死你们了"成为他的口头禅，有很多人冲着这句话去看他的节目。所以说，口头禅可以通过不断地重复同一句话来加深用户的印象，从而让人一看到或听到这句话就会想起一个人。这也是一种个人IP塑造的好方法。

抖音中大多数播主都是有颜值的俊男靓女，然而"@陆超"虽然没有高颜值，但是陆超在各种场合都会将"真好"挂在嘴边，给广大用户带来了欢乐。比如地铁上没人真好、今天给妈妈打电话了，真好……

不仅如此，陆超的这种"真好"的口头禅还被广大用户模仿，并带动了一大波"陆超体"的出现。

（3）与众不同

试想，一大堆白色山羊群中，放入一只黑色的山羊和一只白色的绵羊，到底哪个更容易让人一眼就认出来？当然是最显眼也是最特别的那个。所以，品牌商要想做抖音营销，就要与众不同，才能脱颖而出，才能形成鲜明的个人IP。

视频制作：好视频才有吸引力

品牌商借助抖音实现引流和变现，所以抖音短视频的制作是关键。好的短视频能够在为品牌宣传的同时，还能吸引更多的用户关注、点赞、评论和转发。抖音短视频录制出彩的内容，品牌成功的概率就会加大很多。

标题：打造爆款标题才能让人过目不忘

品牌商要想在抖音这座金矿上挖掘更多的商业价值，打造爆款标题，是"挖金矿"的第一步。

要知道，抖音也是有标题的，抖音短视频的标题可以让用户对短视频内容一目了然，也是用户被吸睛的重要依据，更决定了用户看完短视频内容后是否能够留下来进行探讨，以及和作者进行互动。

1. **标题形式**

抖音短视频标题位于发布短视频的左下角，通常，标题的形式可以是：

（1）称述式

称述式标题是最常见的标题形式。

（2）提问式

提问式标题往往能引起人们的关注。

（3）反问式

反问式标题较称述式标题更能引起人们的关注。

（4）热门话题标签式

热门话题标签往往因热门话题而引发关注。热门话题标签，可以借助时下热门话题，也可以自己创造话题，并引发广大用户对这个话题一起进行讨论，这样能够增加内容被曝光的机会。

（5）@好友、大咖或官方小助手式

@好友、大咖或抖音小助手的标题方式，可以与该领域或者其他领域的好友或大咖相互呼应。这样我们自己@了他们，他们下次很可能也会@我们。这样就会形成非常好的相互导流的关系，可以蹭好友或大咖的热度，进而使得内容被推荐的成功率大幅提升（见图3-4）。

通过以上几种标题形式，可以引导用户进行留言、点赞，从而提升短视频被推荐的概率。

图3-4　@抖音小助手式标题

2. 标题类别

常见的抖音标题类别有以下几种：

（1）求赞求关注型

求赞求关注型标题本身就带有点赞和关注效应。在标题里一定要引导用户，让用户进行点赞、关注和评论。

"花苞和干枝的调色以及画法。鼓励我下点个赞吧。"

（2）对人钦佩/敬佩型

对人钦佩/敬佩型标题往往让用户看到标题内容就能产生强烈的猎奇心理，进而产生强烈的观看视频内容的意愿。

"我哥这酒瓶开的，我服。"（销售酒水）

（3）教程价值型

教程价值型标题往往能够清晰描述出短视频内容（见图3-5）。

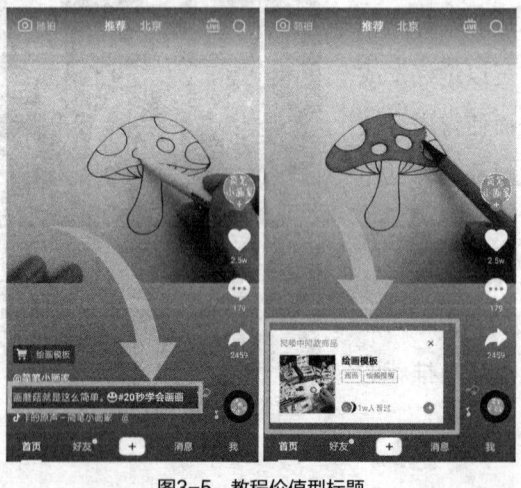

图3-5 教程价值型标题

"第一百三十八个最火的叶子教程。"（销售绣线）

"画蘑菇就这么简单。20秒学会画画。"（销售涂鸦绘画模板、画画套装工具）

（4）趣味描述型

趣味描述型标题往往字里行间透露着诙谐、幽默，更具吸引力。

"男人最怕掉发，女人最怕白发。理发后有没有换了个人的感觉？"（理发店）

"我就是整个雪场最拽的海草。"（风景度假区雪场）

（5）互动提问型

互动提问型标题能够通过提问的方式激起用户回答的积极性，进而产生互动。

"有没有谁小时候玩过这个？过年又可以拿出来哄小孩子了。"（销售折叠剪纸产品）

3. 打造爆款标题的三大原则

抖音短视频标题的类型还有很多，关键是看品牌抖音运营团队能否结合自身品牌特点，选择更加适合的标题类型，然后再进行创作。最后，值得一提的是，在打造爆款标题时，一定要遵循以下三大原则：

（1）明晰目标用户需求

在打造爆款标题前，一定要想清楚用户想要的究竟是什么。在创作标题的时候一定要带上有关用户需求的关键词。

（2）标题和内容相互呼应

标题是对整个内容的总结和概括，是内容的"点睛之笔"。标题一定要和内容相互呼应，否则二者风马牛不相及，会让用户对"标题党"产生反感。因此，在发送内容的时候，一定要注意：短视频内容的重点一定要体现到标题上。

（3）标题要包含相关领域的关键词

如果只顾写标题，却没有短视频关键词，对用户而言是很难猜到你的短视频是在做什么的。是在推荐母婴产品？还是在传授育儿经验？所以，在关键词中一定要明确"母婴产品""育儿经验"这样的关键词。

掌握以上爆款标题的打造方法，才能让人过目不忘，从而达到想要的宣传效果。

背景：用好"门面"有效吸引用户

自媒体的很多逻辑是相通的。在抖音上，品牌商在运营细节和运营技巧里面也应当充分利用思维点相通的特点。

抖音运营团队要明白，用户在刷抖音的时候，会利用碎片化的时间快速浏览，他们在浏览到一个页面的时候为什么会停下来？是因为他们被一些表面的东西所吸引，而并不是内容。因为内容是用户点进去才能看到的，而表面的东西往往是品牌抖音运营数据，包括点赞数量、关注数量、粉丝数量等，这些数据是非常直观的。用户往往从这些数据去判断抖音短视频内容是否值得自己花时间去看。另外能够吸引用户点击观看内容的原因，最重要的两点就是封面和标题。封面和标题与短视频内容的关系就好比是"门面"与"房屋内部设计"之间的关系，"门面""装修"得好看，才能吸引人们去内部参观。所以，品牌借助抖音运营的过程中，除了爆款标题以外，最重要的就是封面的打造。

抖音短视频封面打造要点如下：

1. 封面与标题相辅相成

很多人做抖音并没有把封面和标题这两点作为一个重点去看待，不知道什么样的封面图能让人感兴趣，然而这却是品牌做抖音运营过程中应当注意的。在打造封面的时候，就应当想好要用什么封面图，而且封面图应当与标题相辅相成，这样才能相互呼应。

2. 封面要有趣、有吸引力

用户在看了封面和标题之后，只有觉得有意思，才能满足他们的好奇感，吸引他们的注意力，然后才会激起他们点击播放内容的意愿。所以，封面的选取，一定要本着有趣、有吸引力的原则进行。

3. 封面尺寸与短视频尺寸相同

将抖音短视频录制完之后，下一步就是发布短视频。此时首先要做的就是知道抖音视频的标准尺寸，这样发布出来的视频才有"范儿"，有更好的用户体验。然而，抖音短视频是需要制作一个封面的，将这个封面放在短视频的第一帧。这里，短视频内容好比是一本厚厚的书，而短视频封面则好比是这本书的封面。通常，封面的尺寸应当和短视频的尺寸相同，为540×960，同时都为竖版形式。

能够掌握以上三个要点，设计抖音短视频封面自然不再是难事。

时长：把控好视频时长才有好的成效

在当前的注意力时代，广告主只有用最短的时间去最大限度地争取到消费者有限的注意力，才能引爆品牌。

尤其是抖音对用户短视频投放的权限进行了相应的限制：通常普通用户上传的短视频时间仅仅有短短的15秒，而升级到高级的用户或者企业号用户的发布时长增加为60秒。

1. 做好市场把控的优势

这短短的60秒投放时间，其实无论对于受众用户还是品牌商来讲都是有好处的。

（1）对于受众用户来讲

①限制抖音短视频投放时长，同时也是为受众用户节约流量，能让受众更加放心地随意浏览短视频内容。

②恰好迎合了受众用户利用碎片化时间的特点，就像吃快餐一样，即看即吃。

（2）对于品牌商来讲

①同样可以达到节约流量的目的，可以随时随地分享短视频内容。这一点来讲实际上节约了品牌商的短视频投放成本。如果不做时间限制，对于那些小微型企业来讲，在发布视频的时候就会有所顾忌，只在有WiFi的环境下发布，就在很大程度

上限制了品牌商的使用场景。

②限制短视频投放时长，其实又从另一方面推动品牌商提升短视频内容质量。为了以最低的成本，在最短时间内获得最大的流量和收益，品牌商会将短视频内容进行慎重过滤，以提升短视频内容质量。

总而言之，在这60秒时间内如何能够尽可能地发挥潜能去吸引消费者，是一种巨大的挑战。因此，能够把握好抖音短视频短暂的投放时间，是运营团队必修课。

2. 有效把控投放时间的方法

那么企业号该如何把控好这极短的播放时间收获最佳的宣传效果呢？做好以下几点，方能事半功倍。

（1）短时间内突出品牌想要传递的信息

抖音短视频投放限制的存在要求运营团队在设计之初，就做好各方面的综合考量，即每一帧传达的信息都要讲究，换句话说，即每一秒对品牌商来讲都是至关重要的，从画面的声音、画面的色彩、品牌标识、品牌文化等各方面都要做好精心设计，这样才能在短暂的投放时间里尽可能地展现出品牌想要传递的内容价值。

（2）在有限的时间里阐述信息快而准

由于抖音短视频投放时间有所限制，而这短暂的投放时间，其重点在于快而精准，所以其承载的信息量不适合过大。企业号必须将短视频内容做到快而精准，既能把控好信息的量，实现快速传播，又能将信息阐述的尽可能精准。

总的来说，抖音限制短视频投放长度，实际上是一件好事，这样受众用户能够看到最精彩的内容，企业号运营团队制作短视频时，也能够更好地结合产品和用户习惯做策划，而不再是做一拍脑门的决定。

音乐：背景音乐带来直观感受

企业号借助抖音展开运营工作，目的就是借助抖音短视频以达到为品牌宣传、推广、引流、变现的目的。然而，想要借助抖音短视频实现这些目的，除了需要有价值的短视频内容，更少不了贴合的背景音乐对内容进行升华。

背景音乐融入短视频中，能够影响受众的心情，达到品牌传递的效果。所以，为抖音短视频选择合适的背景音乐很重要。

1. 选择背景音乐的意义

抖音短视频中融入适当的背景音乐并不是画蛇添足，而是给背景音乐赋予了更重要的价值和意义。

（1）给受众形成一个完美的第一印象

抖音背景音乐的加入，配合短视频画面，能够同时给受众视觉和听觉上的冲击力。然而，声音的传播较图片的传播更快，能够快速、抢先一步给受众带来听觉上的震撼。因此，背景音乐能够更好地给受众渲染制造出企业品牌的第一印象。

（2）化解短视频内容的单调与突兀感

背景音乐是对抖音短视频内容的一种辅助，在视频中融入音乐，能够通过音乐明快、简单的基调烘托内容基调，使得视频内容不会显得单调和突兀。即便是好的抖音短视频内容，画面制作得再好，如果没有背景音乐的辅助，就会显得平淡许多，让受众用户失去继续观看的兴致。

（3）为品牌宣传带来分量感

音乐本身就是一种最好的传媒，视频配有背景音乐，能够调动受众情绪，使得原本单薄的抖音短视频内容，在受众心中多了一份厚重感。

2. 背景音乐的选择原则

背景音乐要既能调动受众情绪，又能不落俗套，就要围绕以下几个原则去选择（见图3-6）：

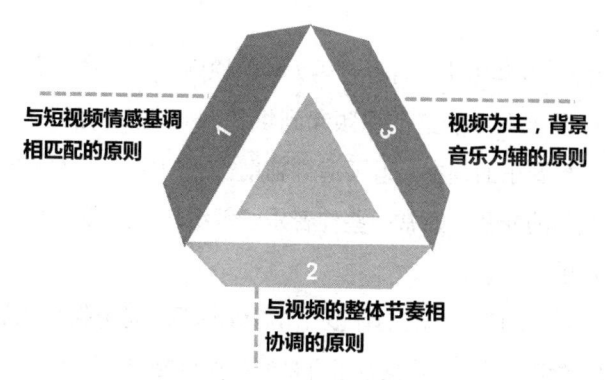

图3-6 背景音乐的选择原则

（1）与短视频情感基调相匹配的原则

在录制抖音短视频时，首先要弄明白品牌方想要借助短视频传达何种主题，体现何种基调。只有弄明白这两点，才能进一步针对短视频中的人物、场景以及画风进行背景音乐的选择。

如果是风景类作为场景，就可以选择一些气势磅礴的音乐；如果是古色古香的地方作为短视频场景，就需要选择古典、唯美、静谧的背景音乐；如果是录制美食生活类内容，就可以选择快节奏的音乐作为背景音乐。总之，音乐也有自己的情绪和基调，能够让短视频画面更加带感，更加饱满。

（2）与视频的整体节奏相协调的原则

通常，绝大多数短视频的节奏和情绪都是借助背景音乐升华的。所以，要想让背景音乐与整个视频节奏相协调，可以在剪辑录制视频时，按照时间顺序先进行粗剪，然后再对视频内容的节奏进行分析，再根据整体的感觉搭配更加适合的音乐。总的来说，背景音乐与视频整体的协调度越高，则画面会越带感。

（3）视频为主，背景音乐为辅的原则

背景音乐对于整个视频起到烘托和画龙点睛的作用，所以，背景音乐的存在，既要起到辅助视频的作用，又不能遮盖住短视频的光芒。通常一些纯音乐、舒缓格调的音乐可以作为背景音乐。

一言之，能够正确选择配乐作为背景音乐，是企业号运营事半功倍的关键。当然，背景音乐音量的拿捏也要把握好尺度，否则声音过小，不能在听觉上给人带来冲击感；声音过大，则会盖住抖音短视频的声音，有喧宾夺主之嫌。

画面：优质画面增加用户停留时间

抖音短视频制作过程中，也应当注重画面质量。因为画面的好坏直接影响受众的视觉体验，尤其是小微企业，为了节省成本，用手机拍摄的画面效果欠佳。优质的画面能够为受众带来一场视觉盛宴，使用户能够为其停留较长的时间。这是能够进一步增强用户关注的有效方法。

那么企业号如何提升抖音短视频画面效果呢？

1. 拍摄前准备

正所谓"不打无准备之仗"。做任何事情，做好充分的准备才能将后续工作做得游刃有余。在拍摄抖音短视频之前，同样需要做好拍摄前准备。

（1）熟悉拍摄内容

熟悉拍摄内容，对于一个视频拍摄人员来讲是非常必要的。只有真正熟悉了拍摄的内容，掌握了每个细节、关键点等，才能在拍摄过程中做到心中有数。否则，在拍摄过程中会出现重点不突出、详略不得当的现象，这样拍摄出来的画面主次不分，很难突出主题，画面也很难做到完美。

（2）拍摄设备准备

通常，拍摄设备不外乎两种，一种是专业的摄影摄像设备，一种是非专业的手机设备。

有条件的情况下，可以准备专业的相机以及摄影摄像装备、三脚架、滑轨、稳定器等，这样能够保证画面稳定、有质感。

不过，现在智能手机已经在摄像和拍照功能方面有了很大的提升，不但能够满足日常使用，还能满足普通的短视频拍摄需求。选择用手机拍摄，还需要配备相关的周边设备，以满足短视频的拍摄需求，如手机拍摄三脚架（能够满足小型场景的稳定拍摄）、手持稳定器（能够有效保持拍摄运动画面的稳定性）、手机摄影支架（能够拓展手机镜头拍摄的范围，为短视频创作增色）、手机三合一镜头群（能改变手机拍摄的

"视野")。

2. 拍摄中

万事俱备之后,就可以开始进行抖音短视频拍摄了。

(1)拍摄注意事项

在拍摄过程中,应当注意:

①注重拍摄背景的选择

拍摄背景要简洁大方,不要喧宾夺主。另外,要选择没有太多杂物和嘈杂声的地方拍摄。拍摄的时候要注意可拍到的区域范围,避免在拍摄过程中越过可见范围。

②拍摄时光线要充足

尽量选择白天拍摄,这样光线充足,拍摄出来的效果会更好。如果在阴天拍摄,就需要开照明灯具,但需要注意的是,不要使用会闪烁的光源。

③双手操作

拍摄的时候要双手进行。同时还需要使用手机支架固定手机,以防止因为抖动而造成画面模糊。

④注意拍摄时间

抖音播放的时间是15~60秒,所以在拍摄的时候也只能拍1分钟左右。所以不能随便乱拍,要安排好进度,不能前松后紧,结尾匆忙收兵,或者详略不当,造成重点不突出。虽然后期加工剪辑的过程中可以缩短播放时间,但如果超时过长,一方面增加剪辑难度,另一方面,如果为了将所拍摄的内容悉数播放而压缩拍摄的视频,就会因为压缩而牺牲画质,影响画面的整体美感。

（2）构图技巧

优质的视频画面，能够让人在观看的时候产生一种舒服的视觉效果。所以，在拍摄视频的时候，要进行不同构图方式的尝试，以拍摄出属于自己的最佳风格。通常，拍摄的构图方式有以下几种：

①井字构图法

井字构图是最常用的方式，即将拍摄的画面想象成一个井字，而拍摄对象的活动范围呈现的重点放在四个交叉点上，就基本完成了构图。这种方式不论是拍风景、人物、街景，还是旅拍，都是通用的。虽然这种构图方式十分普通，但对于任何人都适用，不论大师级还是新手级，都可以使用。事实上，这种井字构图方式看似老套，却是十分保险的，所以是大众常用的方式（见图3-7）。

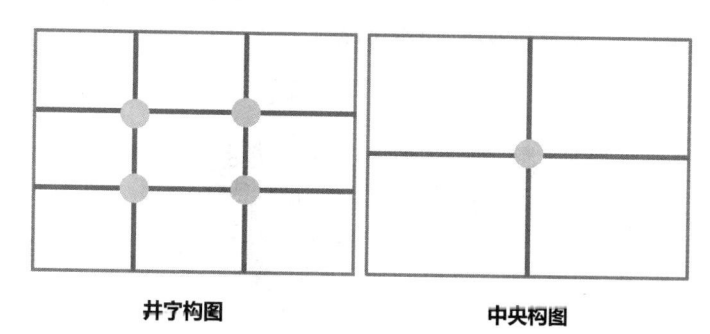

井字构图　　　**中央构图**

注：图中圆点的位置为构图的重点位置

图3-7　"井字构图"和"中央构图"示意图

②中央构图法

中央构图，顾名思义，就是把拍摄对象放在整个画面的中心进行构图。这种构图方式既简单又好用，能够突出重点、明确主题，让人对视频想要传达的内容一目了然（见图3-7）。

③搭配前景构图法

很多时候，拍摄的背景显得单调或无聊，单独呈现拍摄对象却又感觉少点什么。这时候就可以采用搭配前景构图的方式。

在拍摄人的时候，前面有一朵模糊的花，这种方式能够让整个拍摄画面在整体视觉上更有朦胧的美感。

④光线构图法

掌握光线构图法，能够借助一道光，让画面变得更加耀眼。

■直射光构图法

直射光构图法，是光束直接照射，营造出一种明暗对比的鲜明效果，这样拍摄出来的画面感十分强烈（见图3-8）。

图3-8 直射光构图

■侧光构图法

侧光构图法是借助侧光进行拍摄，侧光通常位于被拍摄对象的侧面，侧光构图可以形成美丽的画面，同时还可以制造出空间的神秘感，在一定程度上增添艺术魅力（见图3-9）。

图3-9 侧光构图

■前侧光构图法

前侧光构图法是拍摄对象大部分处于较亮的光线下，拍摄的时候光源在被拍摄对象的侧前方，这样拍摄出来的画面更加具有层次感和立体感（见图3-10）。

图3-10 前侧光构图

■侧逆光构图法

侧逆光构图也称为黄金光线构图法。在拍摄的过程中，选择一个适合的角度，光源位于拍摄对象的侧后方，而拍摄者在拍摄对象的正前方进行拍摄即可完成。这种方法拍摄出来的画面更加具有立体感（见图3-11）。

图3-11 侧逆光构图

■逆光构图法

逆光构图法,即拍摄的时候,光源位于拍摄对象的正后方,拍摄出来的画面能够体现很好的轮廓感(见图3-12)。

图3-12 逆光构图

⑤仰拍构图法

仰拍构图法通常拍摄角度成30度、45度、60度、90度。角度不同,拍摄出来的画面效果也不相同。

■30度仰拍

30度仰拍的角度不是很大,但这样拍摄出来的画面中的对象,比平视构图画面中的拍摄对象要显得高大。

■45度仰拍

45度仰拍的画面，比30度仰拍的画面更能给人高大、雄伟的感觉。

■60度仰拍

60度仰拍比30度和45度仰拍获得的画面效果更加高大、庄严的同时，还能将画面背景延伸到天空，使得整个拍摄画面效果更具有整洁感（见图3-13）。

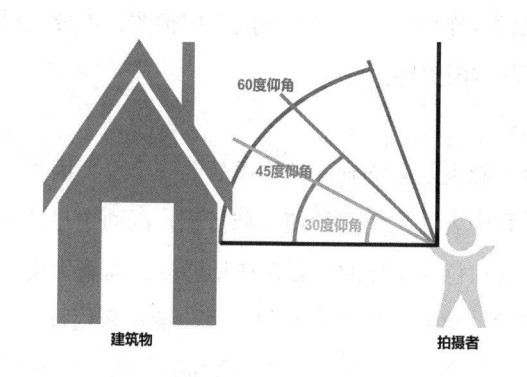

图3-13　30度、45度、60度仰拍构图

■90度仰拍

90度仰拍即站在被拍摄对象垂直角度的中心点下方进行拍摄，此角度拍摄抖音短视频时，一定要拿稳拍摄设备，否则稍一抖动就会使得整个画面变虚，影响整个画面的美感（见图3-14）。

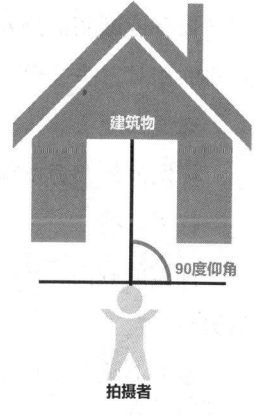

图3-14　90度仰拍构图

总之，不同的构图方法，如果能熟练掌握和应用，就能拍摄出更加凸显美感的抖音短视频。但除此以外，抖音短视频拍摄者还应当注意以下两个方面：

■构图

在构图的过程中，除了使用不同的构图技巧之外，还需要注重严肃、权威、力量感等的表现，尽量采用不对称的方式构图。因为对称构图方式往往给人一种画面死板的感觉。另外，尽量从视频制作剪接、衔接的角度考虑构图，不要太过于执着追求画面的构图美感。

■色彩

画面色彩也是影响画面整体质量的一个重要因素，所以在拍摄的过程中要注重色彩的使用和搭配。画面中尽量避免使用纯黑色、纯白色，这样的色彩在视觉感受方面毫无美感而言。即便用黑色，也要采用非常暗的红色、蓝色来代替，这样将会使整个画面的色彩更加协调，整个画面的色调也更加柔和。

如果感觉片子的色彩偏暗或偏亮，此时需要尽量避免使用整体加亮或减暗的绝对方法处理，而是用增大亮补面积和比例这样的相对方法处理。

■流畅度

要保证整个短视频画面无卡顿，给人以流畅的视觉感受。

■无遮挡

优质的画面，还应当无外站水印、贴纸的遮挡，保证画面的美感。

做好抖音短视频的优质画面，能够给受众带来一种高大上的视觉体验，让受众在观看短视频的时候，通过观感上的舒适，使其感觉不仅是在观看短视频，更是在进行观感上的美的享受。

3. 拍摄后

在抖音短视频拍摄结束之后，如果直接拿来投放，这样的作品是十分粗糙的。好的抖音短视频应当做好内容的剪辑和转场过度。如果哪一段不满意，可以删除并进行重拍。如果在拍摄的过程中没有暂停，但在拍摄过程中发现某一段拍得不到位，要删除，此时就需要将全部拍摄内容删除；如果拍摄时有暂停，那么对某一段不满意的话，就可以删除该小段，然后补拍，并进行拼接，即可。最后给整个抖音短视频加上滤镜效果，一个完美的短视频便制作完成了，而且呈现给受众的是一段优质的、画面感十足的短视频。

总而言之，拍摄抖音短视频需要配备必要的拍摄设备，还需要掌握一定的拍摄技巧和方法，再加上后期剪辑软件的应用，以及对拍摄素材进行拼接，再加以润色，这样一个极其饱满、鲜活、立体、醒目、紧凑、协调的唯美画面就会呈现出来。有这样一个唯美的画面，想让用户停留下来将不再是难事。

热门推荐：抖音短视频上热门其实很简单

企业号运营团队在拍摄好抖音短视频之后，接下来的工作就是将拍摄好的短视频送上热门推荐。只有成功将短视频送上推荐，才能让短视频更好地呈现在广大抖音用户面前，收获更多的关注、点赞和转发，继而达到品牌宣传的目的。

抖音热门推荐机制的优点

对于企业号上传的短视频，抖音是凭借什么来判断其是否优质，该不该推荐？关键就是借助抖音推荐机制来实现的。抖音推荐机制的好处有以下四点（见图3-15）：

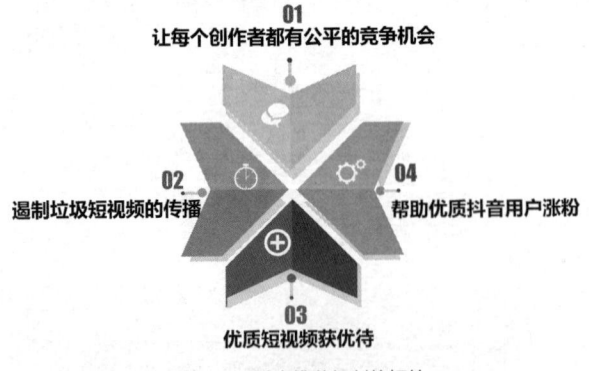

01 让每个创作者都有公平的竞争机会
02 遏制垃圾短视频的传播
03 优质短视频获优待
04 帮助优质抖音用户涨粉

图3-15 抖音推荐机制的好处

1. **让每个创作者都有公平的竞争机会**

抖音推荐机制的一个最明显的好处在于，每个有能力进行短视频创作的抖音用户，无论是新用户还是已经拥有百万粉丝的大号，都有公平、平等的竞争机会。并不会因为是新入驻的用户，就会受到平台的限制。

2. **遏制垃圾短视频的传播**

所谓"林子大了什么鸟都有"，随着抖音用户数量的增加，各种类型的内容横空而出，有些低质量甚至低俗不堪的内容也在其中鱼目混珠。抖音推荐机制，恰好是这些低俗内容的"克星"。在抖音推荐机制下，这些低质量甚至低俗的短视频能够被系统限流，甚至直接被撤掉，从而保证了高质量短视频内容的有效传播。

3. **优质短视频获优待**

抖音推荐机制实际上是对优质短视频的一种保护和扶持。那些优质短视频，尤其是垂直定位的抖音号，则能借助抖音推荐机制获得平台的优待。

4. **帮助优质抖音用户涨粉**

抖音推荐机制实际上是通过福利政策，给真正想玩抖音、想通过抖音实现商业价值变现的用户增加了曝光量，帮助他们有效涨粉。

揭秘抖音推荐算法背后的逻辑

在抖音上，即便新入驻抖音平台的品牌企业号，即使没有一个粉丝、完全零流量，抖音短视频一旦上了热门，就可以在很短的时间内吸粉无数,为品牌商带来更多的流量和关注度。

然而,要想让抖音短视频上热门推荐,首先一定要了解抖音的推荐机制。换句话说,一定要知道抖音推荐算法背后的逻辑或原理是什么。

1. 智能流量池推荐

通常,一个短视频作品拍摄完成后,会上传给抖音系统进行审核,系统会通过对比知道你的作品是否是新视频、是否违规、是否超过推荐基数,之后才能进入待推荐列表。待推荐列表中的内容只有抖音审核员可见,但每天上传的视频有那么多,如何才能从待推荐列表进入推荐列表呢?还需要通过审核人员进一步借助一系列的数据分析,进行推断。具体的的数据分析项目包括账号资料完善度、账号认证情况、推荐基数、视频播放量、双击数、评论数、分享数、发布时间、@抖音小助手等进行权重计分,并按照分值排序,分值越高,排名越前,越能进行优先审核。而在审核的过程中,系统会将内容随机分

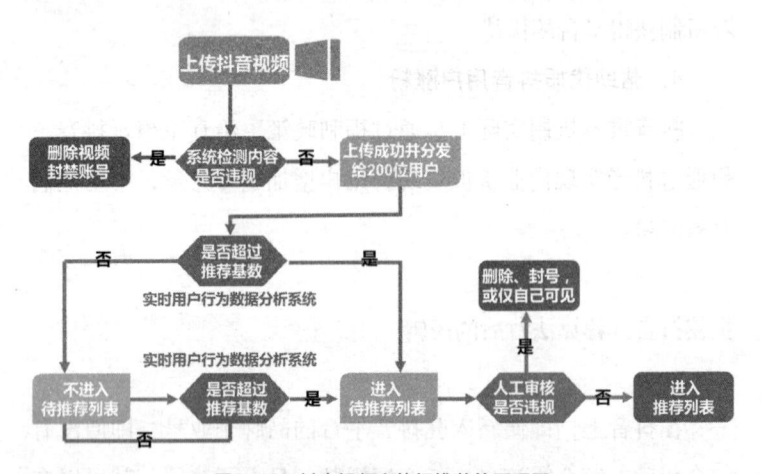

图3-16 抖音视频上热门推荐的原理图

配给抖音审核员，防止内部员工"开后门"或"放水"。在审核完之后系统会将作品发布出去，并为你第一次推荐流量。以下是抖音视频上热门推荐的原理图（见图3-16）：

推荐的人数一般为200~300人左右。这200~300人就是初始流量池。然后系统根据这200~300人对你的作品进行一个综合评价。也就是说，这200~300人对你的作品所表现出的反应来评估你的作品是否优质。而其评估内容包括这200~300人是否观看完整个作品、是否对该作品进行点赞，是否进行了评论，是否将作品分享给其朋友，是否通过这个作品关注了你。

简单来讲，抖音流量池评价标准有：

①点赞数

②评论数

③转发数

④完播率

这一系列的评估，都决定了你的作品要不要被继续推荐。

例如：如果有200人点击播放了你的作品，有50人左右对作品点赞，那么抖音系统会继续推送给与这50个用户爱好相似的1000~2000用户。然后再根据这1000~2000用户给出的综合评价来确定你的短视频作品是否有继续推送到下一轮的必要。

一般而言，优质的抖音短视频，系统都会自动给到10万播放量级、100万播放量级。依次上升的流量池，每上一层都是根据视频在原有的流量池中的表现决定，如果点赞、关注、评论、转发数据达到某一数值，就会把视频推送到下一个更大的流量池。相反，如果数据衰减了，就会减少推荐。

也就是说，抖音短视频的完播率高、互动率高，这个视频才有机会登上热门。

2. 叠加推荐

什么是"叠加推荐"？叠加推荐同样是从以上抖音流量池评价的四个标准（点赞数、评论数、转发数、完播率）入手。

举个简单的例子。抖音系统对于每个新作品都会智能分发10vv（视频播放量）左右的播放量。假设转发量达到10次，那么算法就会判断为受欢迎的内容，自动为内容加权，叠加推荐给你100vv；转发量达到100次，算法持续叠加推荐到1000vv；转发量达到1000次，再次叠加推荐到10000vv，以此类推。

这也正是很多抖音视频一夜之间就大火的原因，即大数据算法的加权导致短视频大火。

3. 热度加权

叠加推荐无疑能够增大抖音短视频上热门的概率，让一则短视频的播放量能够迅速蹿升至百万级。然而如果从点赞数、评论数、转发数、完播率四个方面进行层层热度加权，那么抖音视频被推荐，甚至上抖音热搜榜的概率会更大。通常，各项热度权重排序依次为：转发量>评论量>点赞量。

当然，热度权重也会随着时间发生改变，弃旧图新是一条重要的规律。通常，一条视频从火爆开始，其热度持续的时间最长为一周，除非有大量用户去模仿跟拍。所以，抖音视频要想持续火爆，还需要对内容进行更新，以及持续输出爆款内容,才能保证热度持续时长能够得以增长。

事实上,算法只是抖音短视频上热门的一种路径,而内容才是推动其上热门的"金钥匙",视频的点赞数、评论数、转发数、完播率说到底还是评价内容好坏与否的"金钥匙"。

发布技巧：打造高曝光的抖音短视频

抖音短视频能不能上热门？上热门的概率是多少？关键还需要看抖音短视频上热门的技巧，而不是盲目进行。

具体来讲，企业号的抖音短视频如果想推荐上热门，应当注意使用发布技巧和引导技巧。

发布技巧

抖音短视频在通过审核之后，接下来就可以在抖音平台发布短视频。在发布的时候，要做好以下几方面：

1. **留意上传时间的差异化**

如今，每个人的时间都是碎片化的，人们很难有较长的时间去专注于同一件事情。所以，抖音短视频投放也应当掌握时间选择的技巧。

抖音的播放流量的高峰期，通常有以下几个时间段：

（1）早上8：00~9：00

这个时间段是人们上班路上在公交车、地铁上的时间，人们往往会拿出手机来打发无聊的坐车时间。

（2）中午12：00～13：00

这个时间段是人们饭后和下午工作前的休息闲暇时间，这个时间段大家可以自由支配，并且可以借助这个时间段让自己身心放松，为下午继续投入紧张的工作而养足精神。此时投放抖音短视频，是非常不错的时间选择。

（3）下午18：00～20：00

这个时间段是人们忙碌一天之后下班回家的时间。在回家的路上，大家会拿出手机找一些有趣、有价值的东西缓解一天的工作压力。此时发布抖音短视频也是一个很好的时机。

（4）晚上21：00～24：00

在这个时间段，人们晚饭结束，是饭后放松、睡前闲暇的时刻，人们有充足的时间来享受真正属于自己的时间。此时投放抖音短视频，是绝佳的时间段。

一般而言，中午和下午下班后，以及晚上是最佳的发布时间。但最好能在流量高峰期前一小时发布，这样才能获得最佳的流量曝光效果。

2. 发布条数限制

每天最好能按照以上时间段每个时间点前发布一条，即每天最多发布四条即可。

3. 视频标题

视频标题是必须的，是对整个视频内容的一个补充和说明，通常应当从三个方面入手，即引导、预告、互动。通常，视频标题的字数以不超过30个字为好，最佳为15字左右。

4. 关键词布局

做好关键词布局，可以方便用户进行关键词搜索，提升短视频的曝光量。

掌握抖音短视频发布技巧，能够让你的短视频被更多的人看到，有效提升曝光率。

引导技巧

视频发布之后，关键还需要运营团队去做好引导工作，这样才能增加用户关注度和互动频率。

1. **善用评论区**

评论区是用户与品牌商互动的一角，评论区可以让用户与品牌商之间构建起更加亲密的关系。因此，回答用户提出的问题，与用户进行互动，可以有效增加用户黏性。

2. **巧用视频文案**

视频文案要故意留下话题，这样可以激发用户对下期内容的渴望，从而很好地引导用户像追剧一样追短视频。

3. **固定更新机制**

任何事情，一旦形成一种习惯，就会上瘾，一旦上瘾，如果突然中断，就感觉生活中缺少了必不可少的一部分，从而产生强烈的渴望。所以，运营团队应当形成固有的更新机制，培养用户逐渐形成一种观看习惯，这种习惯久而久之就会成为生活中重要的、难以失去的一部分。

掌握了以上发布技巧和引导技巧，企业号的抖音短视频才能引来更多的评论，进而获得更多的流量。

第四章

内容输出：
用抖音短视频直击用户心灵

由于信息过剩已经成为一种不可逆转的趋势，所以内容创业时代已经来临。人们关注的是感兴趣的内容，而不是泛泛的信息。正所谓"哪里有内容，哪里就有商机"。所以，品牌商借助抖音运营，应当注重内容的打造和输出，用内容直击用户心灵，才有机会为自己加冕。

内容规划，让品牌影响力爆发式增长

企业号运营的目的就是让品牌影响力在短时间内爆发式增长，获得流量的快速增长。然而，实现这些并不是随随便便就能够成功的。一味跟风、盲目进行，是很难实现精准粉丝沉淀的。所以，品牌商一定要做好抖音短视频内容规划，这是保证内容转化率最大化的重点。

掌握好三种内容规划法，即热点型内容规划法、标签型内容规划法、广告型内容规划法，对抖音爆款内容的打造具有重要的意义（见图4-1）。

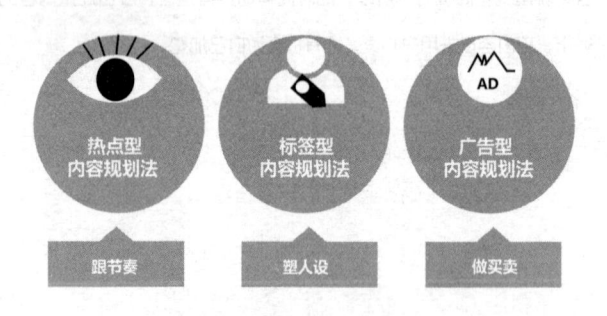

图4-1 抖音3H内容规化法

热点型内容规划法：跟节奏

什么是热点呢？热点就是在同一段时间内很多人都在搜索和阅读的同一条消息。而抖音的热点型内容（Hotspot），即内容要追随抖音平台的热门，更加强调内容的新鲜性与活跃感。热点型内容没有明确的营销目的，主要是用优质内容来吸引广大受众，以引其对内容产生兴趣，为抖音短视频内容增加点赞量和关注量。

第一步：寻找热点

要想打造热点型内容，首先就需要寻找热点。我们该如何寻找热点呢？

热点型内容寻找热点的入口，即在抖音的话题栏，在这里可以清晰地看到近期在抖音上比较热门的话题。这些话题可以帮助运营团队结合品牌调性进行短视频内容创作，而且借助热点创作出来的短视频内容能获得更多的流量。

第二步：了解热点分类

热点也有很多种类型，通常分为以下几种：

（1）突发型热点

突发型热点往往毫无征兆就成为热点，而且这种类型的热点来得快、去得也快。

某明星到某个饭店吃饭，毫无明星架子，非常和蔼可亲。这样的突发新热点只会在短时间内受到广大"抖友"的关注和转发。经过时间的洗刷，这样的热点会逐渐在人们的视野中消退。

（2）常规型热点

常规型热点是指会在某些特定时间出现的热门内容。比如，每年的特定节日、活动已经成了人们的一种习惯。这时候就会给用户形成一个记忆槽点，让他们记住以后在每个这样特定的时间都会做这样的事情。这样，在某个特定节日时间点，用户就会想起企业品牌。

在2018年"母亲节"的时候，小米手机就借助常规热点打造抖音短视频内容。小米手机推出了一段十分应景的漫画短视频，几帧画面勾勒出一位母亲陪儿子长大的过程。并且配上了非常贴合内容的背景音乐，其背景音乐选择的是在抖音热门歌曲《纸短情长》的基础上进行改编的音乐，歌词很好地诠释了母爱："怎么会剩下了他，并决定养他长大，放弃了我的所有我的一切无所谓……"在视频最后，响起了小米手机的铃音，儿子在电话一头对另一头的母亲说："喂，妈，我爱你。"

小米手机借助"母亲节"这一特定节日，进行热点内

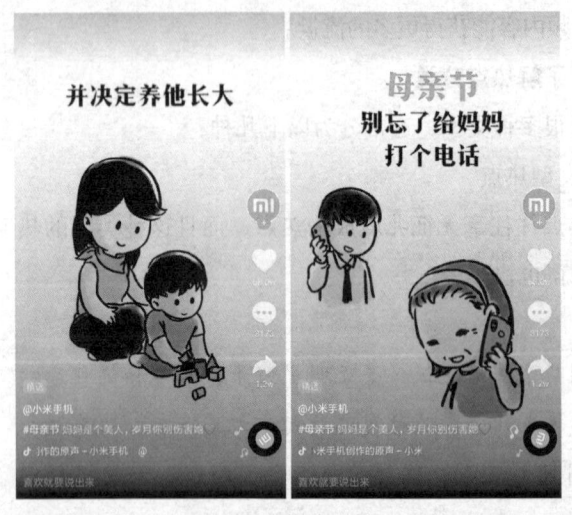

图4-2 小米手机"母亲节"打造的热点短视频内容

容打造，赢得了68万点赞量，1.2万转发和3000多条评论。显然，小米通过这个感人的热点内容深深打动了广大用户的心，也间接为自身做了一次很好的品牌宣传（见图4-2）。

（3）预判型热点

所谓"预判型热点"，即是对某些事件进行人为预测，推测其可能会成为热点。这类预判型热点往往既能展现出某个人性格特点，还能体现出其与众不同的创作能力。寻找预判型热点的时候，就要求企业号运营团队具有敏捷的判断力。

前文中提到的"陆超"，就是一个预判型热点。可能"陆超体"每一句话中都会重复说"真好"两个字，在最初人们不以为然，但久而久之却因为"真好"两个字成为引爆的导火索。他借助"真好"两个字，获得了900多条视频的支持。显然，"陆超体"就是一个预判型热点。

第三步：抓热点关键词

热点关键词是决定最终打造的抖音短视频能否上热搜的关键。那么如何才能让这些热点成为品牌的热点呢？热点关键词不论在自媒体行业还是其他行业，都是非常重要的。标题中体现出你的短视频内容是在做什么，才能非常精准地吸引目标用户。

在标题里的热点关键词体现出了"宝妈"的字眼，那么你的视频推荐的对象就是宝妈比较多。

没有热点关键词，就没有受众对象，所以系统也不知道你的抖音短视频是给谁看的。如果能够抓住热点关键词，系统会推荐给最近关注该关键词的部分人群。通常，一件事情至少要提炼出三个热点关键词，且关键词一般都是三至五个字，太长的热点关键词效果不太好。当找出了三个左右的热点关键词之后，就可以根据这些热点关键词进行内容创作，这样打造出来的抖音短视频才能够在热点的基础上变得更加火爆。

第四步：找热点领域的匹配核心

所谓的"匹配核心"即热点与品牌相关联的地方。

前段时间，明星刘昊然模仿企鹅火了，并成为人们口中的热点话题。而对于一家做母婴品牌的企业或经销商，可以将刘昊然模仿企鹅作为热点匹配的核心，即将孩子牵扯进来，孩子们也在模仿企鹅。这就是一个非常不错的热点型内容。

掌握以上热点型内容打造的方法，企业号运营团队打造热点型内容就会得心应手。但需要注意的是，在打造热点型内容的时候，抖音企业号应当注意跟上热点节奏，这样才能使内容更加具有实时性，否则就失去了热点的意义。

标签型内容规划法：塑人设

标签型内容（Hashtag）即品牌为自我打造的连续性主题或活动，从而使得这些主题或活动在广大用户心中形成一种固有的标签，在用户一想到某些词汇的时候，就会在第一时间想到该品牌。标签型内容更加注重个性化和系列化的体现，同时，标签型内容有一定的营销目的，以个性化内容来维护粉丝与账号之间的互动关系，并以评论量和关注量来衡量互动强烈程度。

事实上，无论是打造何种主题，开展何种活动，标签型内容打造的重点在于为品牌塑造人设。

随着市场消费升级以及物质和精神的双轮驱动，消费者在购买产品的同时，更加注重优质内容对自我精神的充盈，也需要娱乐和共鸣来展现自己的调性。

企业号在入驻抖音平台后，需要有一个清晰的品牌调性，并且在这个调性的基础上生产出优质的内容，以符合消费者对调性的需求。打造个性的独有人设，是抖音企业号用调性赢得用户的重要法宝。

什么是"人设"？"人设"即人物设定，是人物展现给观众的形象，包括企业IP的外在形象以及内在特性展现在观众面前的形象。

以抖音网红IP的"人设"为例。抖音网红IP的"人设"是抖音红人借助诸多媒介渠道，进行长期宣传与营销，向公众传达出来的整体形象。简单来讲，就是当人们看到抖音网红IP时，就能够在脑海中出现有关该网红的画面等其他联想集合体。

打个比方，当听到Pipa酱这个词之后，就会在脑海中想到那个集戏精、犀利、搞笑以及才华与美貌于一身的女子；当看到"@办公室小野"时，就会联想到办公室、创意美食等画面。

抖音红人有属于自己的"人设",以突出自己的调性,企业号也可以通过人格化,来塑造自己的"人设"。企业号有了"人设"以后,用户可以因为对品牌"人设"的感知而进一步对品牌有十分清晰的认识和感受。这样,企业自身在人格化的基础上向用户展现出自己的调性,并能够将这种调性根植于广大用户的心中,使其对品牌形成固有的认知。这也正是企业号为何要进行人格化,并为自身塑造"人设"的原因。

1. 品牌"人设"塑造流程

抖音企业账号人格化,是企业号有规划性的最好体现。在企业账号要想塑造完美"人设",首先就需要做人格化建设。建设好人格化之后,再围绕产品风格、用户喜好,制作相关场景化短视频,就可以收获大批粉丝。在企业号前期规划中,人格化建设是否精准,直接关系到整体内容和后期的运营效果。

抖音企业号塑造品牌"人设"的具体流程如下(见图4-3):

第一步:分析品牌目标

第二步:分析目标用户关注的关键意见领袖(KOL)特点

第三步:基于KOL进行人格化品牌形象建设

第四步:输出优质内容,强化品牌"人设"

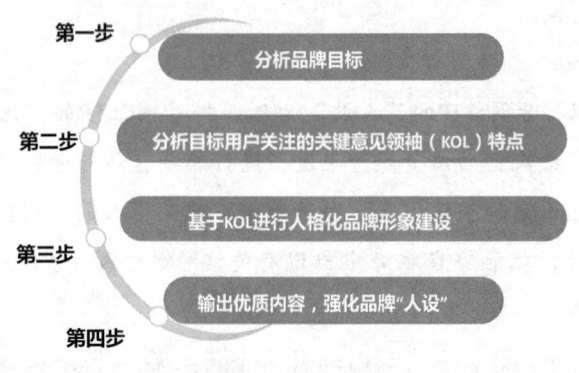

图4-3 抖音企业号如何塑造品牌"人设"的流程

第一步:分析品牌目标

既然要做人格化建设,首先就应当知道目标用户是谁,有何特征。所以，对抖音上的目标人群的相关数据，包括用户年龄、性别、区域、兴趣等相关内容进行深度分析，才能得到更加精准的目标用户特点，并围绕这个特点进行人格化建设。

第二步：分析目标用户关注的关键意见领袖特点

通过收集抖音用户数据，分析他们在抖音上共同感兴趣和关注的关键意见领袖特点，能够帮助企业号明白用户在抖音上究竟喜欢何种类型的内容。这里，关键意见领袖的特点则成为企业号进行人格化建设的最好参照物。

第三步：基于关键意见领袖进行人格化品牌形象建设

在着手进行品牌人格化形象塑造之前，最重要的一步就是深度、全面分析KOL的年龄、性别、内容特点，找到最为契合品牌调性的关键意见领袖原型；然后从品牌调性和关键意见领袖中找出共同特征，并清晰、有调理地罗列出来；最后通过这些共同特征找出与品牌紧密结合的形象。

第四步：输出优质内容，强化品牌"人设"

在品牌人格化的基础上，为品牌构建全新的形象，并通过持续输出优质内容，使得企业的品牌"人设"更加丰富化。

总之，企业号进行品牌"人设"塑造，是为了通过品牌"人设"凸显品牌的差异化特点。

同样是互联网手机，不同企业却塑造了不同的品牌"人设"：

小米的"人设"解读是"一定不是最好的，但买不了吃亏，买不了上当"。

华为的"人设"解读是"中国制造就是爱国"。

所以说，人设就是将企业号与企业号之间更好地区别开来，也是将企业号与普通抖音用户区分开来。这种差异性彰显了企业IP的个性与风格，进而转化为商业价值，这也是构建企业号品牌"人设"的内在逻辑。

2. 品牌"人设"塑造三原则

好的品牌"人设"，能够让企业IP拥有极高的辨识度，并且具有很强的标志性，因此能够吸引人们的注意力。在当前信息化时代，注意力是最稀缺的资源。可以说，注意力流向哪里，盈利就跟到哪里。

所以，打造好的品牌"人设"，对于抖音企业号运营来讲，至关重要。但通常情况下，"人设"并不是自然而然形成的，而是需要抖音红人和企业背后的策划人员精心包装和预设的，通过良好的"人设"，向广大用户展示出企业有颜、有趣的个性化形象。

当然，在进行企业"人设"塑造的过程中，可以选择达人作为内容输出者，也可以选择虚拟人物进行内容输出。

支付宝在抖音上，将花呗图标"活"化，利用幽默、自黑的方式发布宣传广告，从而借助虚拟人物为支付宝塑造了自黑人设。支付宝的这种品牌"人设"塑造的方法，在结合了自身调性的基础上，硬生生将自己"活"成了一个优秀的"自黑少年"（见图4-4）。

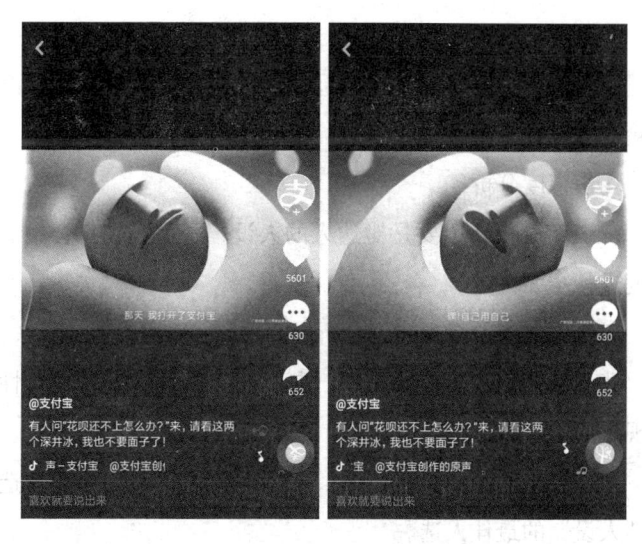

图4-4 支付宝借助虚拟人物为其塑造自黑人设

要想塑造一个必火的品牌"人设",需要遵循以下"三问原则":

(1)第一问:我是谁?

"我是谁",即选人,这里的选人还包括虚拟人物的选择。这一问主要是用来明确品牌IP人设是否清晰,选出来的达人是否可以作为企业号的一个可以培养的"人设"。

在这一问中,需要对"人设"的IP力进行分析和考量:

①达人优势

达人优势,即对达人所具备的优势进行考量,主要包括对达人的才艺、外貌、内容输出能力方面的优势进行分析。

②达人劣势

达人劣势,即对达人的劣势方面进行考量,主要包括达人的亲和力、创新力以及内容输出能力存在的劣势进行分析。

③风险分析

风险分析主要是对达人给品牌企业带来的显性风险、隐性风险等方面进行考量。

④辨识度分析

辨识度分析，主要是对达人的人设、赛道等在抖音中的辨识度进行全面考量。

⑤达人的商业变现能力分析

达人的商业变现能力分析，是从达人的商业变现可行性、变现方向等进行分析。

通过以上五个方面的考量，来衡量谁可以作为企业塑造品牌"人设"的最佳人选。

（2）第二问：我是做什么的？

"我是做什么的"，这一问主要是进行"选类目"，即确定一个垂直细分领域。在确定这个细分领域之后，就在这个领域中做内容输出，以吸引受众。这样所吸引的受众都是精确定位的受众。这些受众在一想到这个垂直领域的时候，就会在第一时间想到这个达人和该企业的产品。

"@办公室小野"主打办公室美食创意制作（见图4-5）。"办公室""美食""创意"则

图4-5 办公室小野美食创意制作

成为其选择的类目,所以广大办公室工作的用户、喜欢美食的用户、喜欢进行创意和创新的用户都是其精确吸引的受众。

(3)第三问:有什么优势让用户喜欢?

"有什么优势让用户喜欢"这一问显然是在选择赛道。

做美食人人都会,但能够将美食做出创意,让受众惊叹不已,并不是一件容易的事情。"@办公室小野"能够将美食在选类目方面,深耕垂直领域,是美食领域绝无仅有的。

一方面,在办公室这样的垂直空间里进行创意和创新,这是其他美食品牌从未有过的。

另一方面,小野总是能将身边各种现成的物品进行创意性应用,如用饮水机煮火锅、电风扇打豆浆等,小野可以利用自己的天赋和智慧完成这些事情。

所以,办公室和创意美食制作就是"@办公室小野"选择的赛道,也是能够让受众喜欢和关注的原因。

总而言之,企业号塑造"人设",才能用独特的"人设"独特性快速占领受众心智,在其心中形成深刻的"人设"形象,进而展现出企业品牌的独特价值。

广告型内容规划法:做买卖

广告型内容(Headline)即是企业在抖音短视频中发布的以广告为导向的内容,其内容更加强调精美度和营销性。显然，广告型内容具有十分明显的营销目的，要将品牌产品更为直观地推送到目标受众面前，最大限度地提升品牌或产品的曝光度。所以，广告型内容是以曝光量作为抖音短视频内容价值的衡量指标的，并且这种类型的内容具有鲜明的做买卖意味。

那么如何打造广告型内容呢？有以下三种方法（见图4-6）：

方法一　借助明星效应达到一呼百应的效果

方法二　借助达人效应起到很好的带头作用

方法三　借助名人效应提升品牌影响力

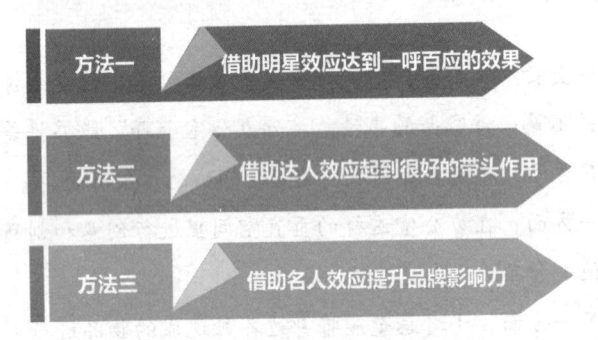

图4-6　打造广告型内容的方法

1. 借助明星效应达到一呼百应的效果

对于绝大多数粉丝来讲，能够与偶像进行近距离互动是一种莫大的"福利"。而品牌商借助明星效应在抖音平台打造广告型内容，有两个作用：

一方面，能够吸引更多的粉丝关注并前来围观，让更多的粉丝能够进一步转化为品牌粉丝，提升其对品牌的认知和对商品的加购，这才是广告型内容想要达到的真正目的。

另一方面，正像电视广告一样，很多人是不喜欢观看的，但借助明星效应，能够迅速抓住那些对抖音不太感兴趣的用户的眼球，积极参与到抖音内容的围观和互动当中，有效提升用户的观看兴趣。

品牌溜溜梅邀请杨幂发起"溜溜梅全民扛酸挑战赛"。杨幂手中拿着一颗青梅，一脸酸酸的样子，发问道："大家知道青梅有多酸吗？敢不敢来挑战？"最终，这则短视频吸引了超过76.6万抖音用户参与。

2. 借助达人效应起到很好的带头作用

达人往往在某方面掌握了极专业的知识，具有极强的话语权，更能获得大众的信任和认同，能起到很好的带头作用。品牌商可以利用达人的带头作用为品牌和产品进行宣传，让广告型内容更具引流价值。

3. 借助名人效应提升品牌影响力

名人往往在中国大众中具有很强的公众影响力，所以，在打造广告型内容的时候，借助名人效应，可以因其公众影响力而提升品牌影响力。

小米手机的CEO雷军直接上阵，为红米系列的新手机小金刚做宣传，并且十分幽默地做一个"水滴石穿"的小测试，雷军凭借自己的公众影响力，以及在"水滴石穿"小测试中的幽默性格，给整个抖音短视频宣传内容增色不少。这段短视频带来了77.6万的点赞量，1.3万的转发量，并引发了4.1万的评论量。可见，名人效应在抖音广告型内容中的影响力巨大。

很多时候，人们会认为"个人品牌"是名人才能享有的福利，认为普通人是很难打造个人品牌的，因为名人有很强的公众影响力。其实这样的想法是有偏差的。对于普通大众来讲，虽然不具备像名人一样强的公众影响力,但是依然有能够体现自我价值的资本,以及形成IP的潜能。在给自己找好发展方向、做好角色定位之后,自己的品牌虽然是小众品牌,但慢慢地就会在众多小众品牌中凸显出来,并将在一定的范围内逐渐形成一股强势的影响力。因此,可以说,在当前这个互联网时代,素人也可以通过打造抖音广告型内容为自己的品牌代言和宣传,加速内容变现。

形式多样化，自由展现输出内容

品牌商借助抖音运营、开展营销活动，内容是重中之重。再多的方法，都要最终通过内容进行体现。抖音短视频内容做得好坏，直接关系到品牌能否借助抖音内容的火爆而走进广大抖音用户心中。抖音短视频内容的打造形式多样化，可以通过原创方式、搬运方式、模仿方式自由展现品牌商输出的内容，从而更好地体现品牌商想要传达的品牌价值和品牌理念。

原创：原创内容才具备独有的灵魂

当前同质化日益严重，千篇一律的内容必然会让用户感到索然无味，必然会像最初的唱歌、跳舞、无厘头搞笑模式一样，就像一阵风，一刮即过，没有持久性和影响力。然而，注重内容的原创性，更多的价值内容才能源源不断地输出，才会从根本上深入抖音用户的心。可以说，没有原创的抖音内容，就像没有灵魂一样，不会给用户带来一种刻骨铭心的感觉，更不会对借助抖音开展营销活动的品牌商产生任何实质性作用。

用户长时间观看如法炮制的抖音内容，会使得视觉神经麻木，久而久之就会对抖音短视频失去兴趣。唯有那些具有创意、带有正能量的原创抖音短视频才能长期受到用户的青睐。可以说,抖音短视频内容的灵魂需要靠内容的原创来唤醒。

做好原创性抖音短视频内容的步骤如下(见图4-7):

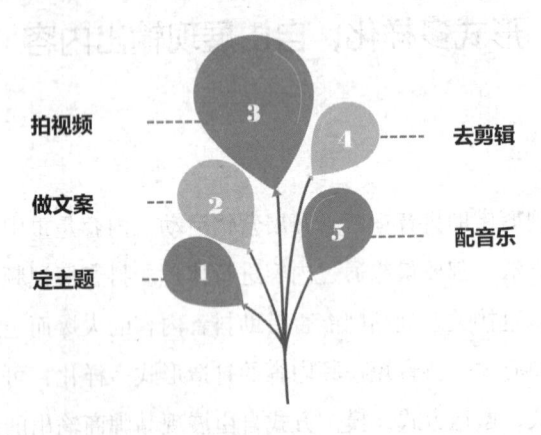

图4-7 做好原创性抖音短视频内容的步骤

第一步:定主题

抖音原创短视频,并不是人们认为的用手机或者专业摄像设备拍摄下来的作品就是原创内容。要知道,一个好的原创短视频,一定要具备一个主题。

通常抖音的内容大概可以分为两大类:一类是有趣的内容,如搞笑类短视频、模仿类短视频等;一类是有用的内容,如美食制作、拍照技巧、Excel教学等。当然,不同类型的抖音短视频,都要有一个确定的主题,而且还要有深度,能够传递正能量,凸显品牌价值。这样立意高远的短视频内容才能受广大抖音用户的欢迎。

第二步:做文案

在定了主题之后,接下来要做的就是写文案。任何一个高质量的原创短视频,都要有拍摄文案。因为一个原创抖音短视频的创作,是需要经过不同的镜头来表达同一个主题的。

文案策划的好与坏,直接影响抖音短视频原创内容的质量。不同的主题,需要设计不同的文案来体现。抖音短视频内容是重点,文案是衬托内容的绿叶,但原创性短视频内容,一定要有好的文案,才能达到突出主题的目的。

那么如何策划抖音短视频文案呢?抖音文案写作的基本原则就是调动用户情感,使用户产生共鸣。

在外景拍摄了这样一个画面:画面里有一只美若天仙的萌猫,头戴一朵花,身穿青蓝色纱裙,更显得气质高雅、超凡脱俗。这只萌猫站在高高的腊梅树上,四处张望着远处。本来这样的画面已经十分具有美感,但光看这段短视频,却不知视频中的内容主题是什么。然而,给这段短视频配上了这样一段文案:"腊梅花,都开了!你怎么还不回来?"这样的文案,顿时会让用户产生情感上的共鸣:在腊梅开花之际,也即将是春节来临之时,家中貌美如花的妻子,正在翘首以盼远在他乡奋斗的丈夫归来。

显然,这样的文案能够顿时给抖音短视频增色不少,也更好地突出了主题,让人立刻就在脑海中浮现出一个在家乡等待在外飘泊奋斗的丈夫归家的妻子的形象。这是当前很多家庭的现状,会激起很多人的共鸣。

在掌握了抖音原创短视频使用户产生共鸣的原理,就可以将这种原理在不同主题的抖音短视频拍摄的过程中加以运用,从而衍生出不同的抖音短视频类型，包括互动类、叙述类、悬念类、共谋类、恐吓类等。那么具体而言，抖音短视频不同的文案类型应当如何操作呢？

（1）互动类文案

互动类文案，可以与互动类抖音短视频相匹配，可以应用疑问句或者反问句，这样能够给短视频留下更多的空间，能够有效激起用户的互动。这种开放式的问答互动，就会收获较好的评论效果。

"你小时候有没有玩过？""这样的……你喜欢吗？""你说该怎么办呢？""你知道其中的原理吗？"等。

（2）叙述类文案

叙述类文案适用于有场景感的故事或段子。如果只借助抖音短视频讲故事，那么就缺乏互动性。

"厦门马拉松27.5公里补给站，参赛运动员进行补给。跑下来真心不容易，后面还有10多公里！加油！"这样的叙述类文案为用户呈现了一个非常有画面感的场景，使得用户仿佛置身其中，对参加马拉松的运功员"跑下来真心不容易"能够产生共鸣，仿佛感同身受。

（3）悬念类文案

悬念类文案通常与具备大反转特质的短视频内容相匹配。这种文案往往能够使用户在页面停留更长的时间。

"一定要看到最后""最后有惊喜""当最后镜头翻转过来的那一刻,棒极了"等。

(4)共谋类文案

共谋类文案,可以与励志类、同情类、表现真善美类抖音短视频相匹配。人人都希望他人看到最好的自己,如果能与用户合谋,谁会拒绝变得更好呢?

"3个月时间,从最初的新手成为大师级。原来我们都可以做到。"

(5)恐吓类文案

恐吓类文案可以让品牌产品借助抖音短视频临门一脚,让品牌、商家在此能够大展拳脚,凸显其自身优势。

"每天敷这样的面膜,你不害怕吗?"

第三步:拍视频

在策划好文案之后,就是进行抖音短视频拍摄。在拍摄的过程中,要根据不同的角度,用不同的设备拍出不一样的效果。

第四步:去剪辑

拍摄完成之后,接下来的工作就是对视频进行剪辑。通常抖音短视频为15秒~60秒之内。在剪辑的过程中,要根据主题进行拍摄内容的取舍,要注意轻重得当。重要的地方就要加长时长。

第五步：配音乐

在前边的全部工作之后，最后一个环节就是给整个抖音短视频配上适合、贴切的音乐，为整段视频营造一种气氛。当然，还要配上相应的字幕进行介绍。

这样完成以上五个步骤，整个原创短视频内容也就基本制作完成。在整个抖音短视频原创内容制作的过程中，一定要注重两个字：恰当。只有任何一个环节都能恰到好处，才能让整个原创短视频内容更加完美，让整个短视频内容更加有灵魂。

模仿：模仿内容要融入微创新

抖音内容输出的方式除了原创之外，还有模仿。模仿只要有手机，有人即可，辅以一些微创新便有概率登上热门。当前在抖音平台上，很多短视频是靠模仿实现内容输出的。

模仿并不等同于拿来就用，而是对别人的抖音内容进行"二次创作"，融入微创新。换句话说，就是要在别人短视频内容的基础上进行修改，再融入自身品牌调性，从而变为自己的内容，增加内容的原创性。

那么如何对已有内容进行模仿的过程中融入微创新呢？

1. 非主体内容创新

对于模仿的内容，通常可以分为主体和客体。主体内容是贯穿抖音短视频内容的总线，是最核心的部分。而客体是一些次要部分。如果将主体比作树干，那么客体就是树枝、树叶。所以，"树干"是整个生命最重要的部分，而"树枝""树叶"则可以随意进行修整。换句话说，在对已有内容进行模仿时，可以对非主体内容进行创新。

美食制作的内容在抖音上随处可见，但对美食之制作不感兴趣的人却很少去主动浏览这样的内容。然而，美食制作的主体内容可以不变，但可以对其进行配音或者改变文案、背景音乐等，这样就对模仿内容的客体进行了创新。

2. 非重点流程进行创新

任何事情都有主次、轻重之分，在模仿的过程中，可以保留主要、重点流程，对次要、非重点流程进行创新。非重点流程进行创新，重点是要对内容的细节进行创新。

3. 视角换代

对模仿内容进行视角换代，可以体现出两个特点：

（1）与众不同

（2）传递正能量或制造积极情绪

被模仿的内容是一个小孩子在鱼摊动作娴熟地杀鱼。

普通文案是：真是惭愧，我还没有一个小孩子胆子大，动作麻利。

创意文案是：你们要是孩子的妈妈就不会笑得这么开心了。

4. 主观意愿转换

主观意愿转换就是内容中的主动与被动关系的转换。

土耳其冰激凌的销售员总是"戏耍"顾客，而这次，顾客化被动为主动，反而问土耳其冰激凌销售员："小哥哥我给你个东西，要么？"

5. 加剧情

加剧情就是对模仿内容的背景或剧情进行添加。抖音本身是一个注重剧情和态度的平台，单纯的高效内容只是最初级的境界，而有深度的内容，还需要在剧情方面进行完善和升级。

6. 比较、类比

比较、类比，就是与被模仿的内容进行比较，看谁更优秀，或者进行类比。这种方法适用于有人秀技能的内容。

被模仿的内容是秀自己家宠物的特殊技能，同样可以拿自己家宠物的同种技能或同类技能拿出来炫耀。

7. 音乐创意玩法

音乐创意玩法，即借助音乐内容进行创新。

通常有很多抖音音乐会大火，但是这些大火的音乐通常是找网红合作实现的。要想进行模仿，就要找这类网红原创音乐，并借用其歌曲，而换歌词进行演唱。如将语文教材中的诗词套用歌曲唱出来，效果也是非常不错的。

抖音内容简单易学，所以许多人热衷于模仿，但在模仿的时候要注意不要盲目模仿，否则得不偿失。

套路满满，能带来流量的套路都是好套路

抖音短视频内容的类型有很多种，但归纳起来有四大类，话题类、分享类、曝光类、励志挑战类，品牌商在制作抖音内容的时候都跳不出这四大套路。然而无论哪种套路的内容，只要能为品牌商带来流量的内容都是好内容。

话题类：渲染煽情气氛

话题类抖音内容是最常见的内容之一，通常这类内容往往由话题激起人们内心的共鸣，用感人的话题内容渲染煽情气氛，以达到用户关注、点赞、转发的目的。

通常，话题类内容包括：

1. 弱势群体话题

我们经常可以在抖音看到一些有关留守儿童的生活、劳作的视频，这些抖音视频的总体流量是非常可观的。因为这类内容往往是通过感人的画面来博得用户的怜悯心、同情心，让抖音用户在看完这类视频之后会忍不住多停留一会儿。

在制作话题类内容的时候，最好选择生活中的那些弱势群体作为视频内容的主角，比如留守儿童、留守老人、路边乞讨

的人、底层劳动者，他们都是社会中的弱势群体，他们的坎坷的生活、曲折的经历都可以让人看在眼里，疼在心里。

有这样一段视频内容：寒冷的冬天，一家饭店门口的台阶上坐着一位环卫工人，正拿着两个干巴巴的大饼吃，难以下咽的时候就喝口保温杯里的水。此时，从饭店走出来一位年轻的女子，端着一碗刚出锅的面条，跟这位环卫工人换着吃。这样的内容，一方面环卫工人的艰辛的生活让人心生怜悯；另一方面，女子的好心举动让人感觉内心涌起一股暖流。

这样的话题，往往能让人们对眼前的这一幕感到温暖而在页面多停留一会儿，回味环卫工人的生活处境，赞扬女子的一片爱心。

2. 实时舆论话题

实时舆论往往能引起社会各界人士的关注，所以将实时舆论作为抖音短视频话题，可以有效赢得流量。

前阵子意大利知名奢侈品牌D&G辱华事件一出，就成为一个实时舆论话题。图文内容对这类话题的响应最为快速，在各大自媒体平台上迅速传开。抖音作为一种自媒体平台，有很多品牌也会借用这个实时舆论话题来为自己的品牌进行宣传。

在拍摄话题类内容的时候，一定要注意尺度的拿捏，可以适当地融入煽情的画面来渲染整个视频内容的感人氛围。但也不要太过，更不要给视频内容中的人物造成不好的影响。

分享类：带入生活气息

当前，人们越来越喜欢借助自媒体平台向自己周围的人分享生活中的所见、所闻，更加愿意让更多的人走近自己的日常生活。

所以，抖音短视频内容也同样涵盖了分享类内容，通过分享炫耀自己的技能，晒出自己的美食，亮出自己的旅行，等等，这些能够给人带来酷炫感的内容往往是最好的、能够引来用户主动分享的内容。

通常，分享类内容包括以下五种（见图4-8）：

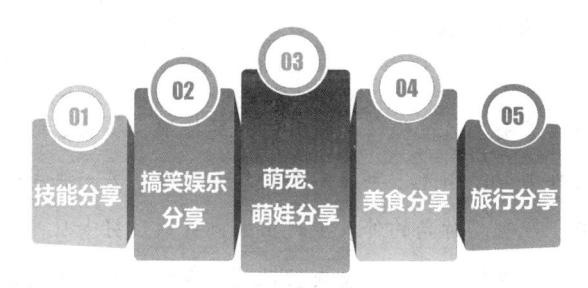

图4-8 分享类内容的类别

1. 技能分享

掌握一项与众不同的技能，是每个人值得骄傲的事情。能够将这项技能运用得炉火纯青，则更是让人羡慕不已，并能吸引人们为之疯狂点赞，激发人们的关注热情和强烈的转发意愿。

常见的技能分享内容包括：

（1）艺术类：如唱歌、跳舞、绘画、滑板、口技、cosplay等。

（2）学习类：如Excel办公教学、英语教学、数学算法技巧教学等。

（3）生活技能类：如化妆、织毛衣、破洞缝补、做发型、花式系鞋带等。

（4）情感类：如星座占卜等。

2. 搞笑娱乐分享

对于搞笑娱乐的内容，能够让人在捧腹大笑之后，整个人的身心得到放松。所以，分享搞笑娱乐内容，是没有人会拒绝观看的。

常见的搞笑娱乐分享内容包括：

（1）男女反串秀。

一位男士，通过化妆和服装饰品的搭配，将自己的一半身体以男性刚毅、阳光、英姿飒爽的外表呈现，另一半身体以女性柔美、妩媚、时尚的外表呈现出来，并通过男女反串秀的方式来表演。这样的内容，观众往往被一人分饰两角色的能力所吸引，并深感钦佩。

（2）生活中出现的搞笑事情。

（3）团队精心打造的搞笑剧情。

3. 萌宠、萌娃分享

萌宠、萌娃往往能够凭借其萌萌的外表聚粉无数，让人分分钟想去捉一只萌宠、抱一个萌娃来。萌宠、萌娃往往通过其犀利的眼神，绝无仅有的表情，萌软的形象，迷倒一大批抖音用户。

一只长相极为乖巧可爱的萌猫,在主人的协助下,跳手势舞。无论主人如何摆布,是拉着耳朵摆动,还是举起爪子比爱心,都十分乖巧,从不反抗。这样的视频会让无数人也想捉一只猫去养。

4. 美食分享

对于美食来讲,没有几个人能经得住诱惑,尤其是对于那些"吃货"而言,仿佛有一种难以抗拒的力量在推动他们去观看,使其尽享美食给自己带来的心情的愉悦,并激发他们动手制作的热情。所谓"物以类聚,人以群分",在看到这样让人垂涎三尺的美食分享,自然也会将这样的内容转发给与自己有同样爱好的"吃友们"。

美食分享通常包含:

(1)高格调美食类:如隐居山间的原生态美食,所有食材都是自产自销、自给自足。

(2)实用美食类:如实用美食技巧,包括食材搭配技巧、美食制作技巧等,让人愿意驻足观看,并学习。

(3)创意美食类:如奇思妙想的美食制作,各种创意吃法等。

(4)家乡特色美食类:家乡特色美食,如特色美食、特色食材等,这些往往能勾起人们对家乡美食无穷的思索和怀念,并成为忠实粉丝。

5. 旅行分享

旅行是人们缓解生活压力、放飞自我的有效方法。旅游内容的分享,可以让抖音用户仿佛置身于旅行的每个地点、时间,让自己仿佛身临其境一般。

常见的旅行分享包括：

（1）旅行攻略：如地区攻略、全球攻略的分享等。

（2）美景分享：如雪山照片分享、人文照片分享等。

（3）旅游玩法：如高空蹦极、潜水、跳伞的分享。

需要注意的是，分享类抖音内容，往往将生活作为最原始的素材，并在这个基础上进行创作，需要体现出更加浓郁的生活气息，这样拍摄出来的内容才更有市场，而素材的利用转化率也才会更高。

曝光类：注入新鲜感

人们往往会主动去探视自己好奇的东西，颇有"打破砂锅问到底"的意思，而且越是稀奇的东西，越能让人探视上瘾，甚至根本停不下来。

抖音的曝光类内容，正是抓住了人们的这种对稀奇事物急切揭秘的心理而进行创作的。

常见的曝光类内容包括：

1. 行业背后的故事曝光

对于大众行业来讲，人们可以亲自走进这样的行业，去观察了解。所以，人们或多或少会了解一些，知道其运作情况，相关人员如何工作，相关环节如何运行。但对于一些高端、稀有行业而言，人们往往对其是极为陌生的，所以对这样的行业有一种强烈的了解欲望。

抖音短视频内容可以抓住这一特点，将行业背后的故事进行曝光作为内容去创作,可以收到意想不到的点赞、评论和转发效果。

行业背后故事曝光内容可以有:

(1)特殊工业行业类:如黑科技产品生产、高技术含量产品生产等曝光。

消费者通常接触的都是产品成品,虽然对这些产品的使用方法极为了解,但对这些产品在生产车间的制造过程却全然不知。尤其是那些黑科技产品,本身就充满了神秘色彩,其生产过程更是让人感到稀奇。所以可以在品牌产品生产车间为广大抖音用户展示产品在某一环节生产的过程,这样不但能让用户了解产品是如何诞生的,更能对整个品牌形成深刻的记忆。

(2)交通类:如机长日常、空姐日常、乘务日常等曝光。

(3)表演类:如模特日常、饲养员日常等曝光。

通常,模特总是以光鲜的外表示人。这个行业的人员往往让人觉得生活很"滋润",随便上台走两步就能拿到丰厚的酬劳。但很少人了解模特在T台背后的心酸,他们也为了更好的形象展现,做了很多人们不知道的努力。所以,这样的视频内容可以对模特每日生活进行记录,包括他们对走姿、站姿、表情的训练等。在曝光模特日常训练时,可以融入品牌服装、运动器械等相关内容,为商家起到很好的引流作用。

(4)解密类:如魔术解密、特效解密、调音解密等曝光。

2. 与众不同的日常生活曝光

日复一日的生活已经让人觉得有些乏味，偶尔能了解到别人与众不同的日常生活，就会让人感觉十分稀奇和好玩，这样能吸引更多的人去围观。所以，打造抖音短视频内容，围绕与众不同的日常生活曝光进行拍摄，并融入品牌相关产品进行宣传，是一种非常不错的选择。

常见的这类与众不同的日常生活曝光类内容有：

（1）庆贺现场：如喜庆的婚礼现场、欢乐的生日聚会现场、家庭为老人贺寿的现场等。

（2）生活中特别的场所：如特别的岗位曝光、特殊饭店的特别就餐方式曝光等。

需要注意的是，在策划这类曝光内容时，一定要本着新鲜、稀奇的原则，为内容注入新鲜感，才能吸引抖音用户，并提升观看时间和转发率。

励志挑战类：激发挑战热情

励志和挑战类内容，往往极具正能量，给人以奋进的力量。打造励志、挑战类内容是很多商家上抖音获取流量的运营方式。

1. 励志类内容

抖音励志内容往往通过前后对比，让人明显感受到前后发生的巨大变化。巨大的反差，往往让人很受激励，甚至能吸引抖音用户多看几遍。

常见励志类内容有：

（1）化妆美容

化妆美容之后，前后对比往往像换了一个人一样，让人觉得"没有丑女人，只有懒女人"是非常有道理的。再加上看到抖音短视频中人物使用的化妆品推荐，能够激起用户为自己的美而购买和使用所推荐化妆品的意愿。

（2）服饰穿搭

人靠衣装，马靠鞍。同一个人，配上更加适合自己的服饰，能够展现出更美的自己，给人耳目一新的感觉。在服饰穿搭内容中融入品牌产品，同样能够激起抖音用户关注并搜索品牌产品的欲望，起到很好的导流作用。

（3）美发

没有丑的人，只有没有找对发型的人。一个人的形象，发型的影响至关重要。适合自己的发型，才能修饰自己的脸型，提升自己的气质。在美发内容中融入相关美发产品，也是一种很好的运营方法。

（4）减肥

"每一个胖子都是潜力股"，励志减肥并取得一定成效的内容，对于那些关注自身身材保养、励志减肥的人来讲，能够起到很好的激励作用。在这样的内容中融入视频中人物使用的运动道具、减肥药物等，可以起到很好的品牌宣传效果。

2. 挑战赛类内容

抖音挑战赛内容为商家提供了便利，在吸引抖音用户参与进来互动的过程中，就为自身品牌做了很好的宣传。

挑战赛已经成为众多品牌与抖音携手共创商业价值的方法之一。品牌如何借助挑战赛类内容实现商业价值呢？

以下以携程为例，从携程打造的抖音挑战赛来揭开抖音挑战赛制作的要点。

（1）挑战赛内容创意玩法

有创意的内容才具有强吸引力，才能刺激用户积极参与挑战。在保存视频内容的基础上，将创作权交给抖音用户，可以激发用户的创作热情，以便产生大量的优质内容。

（2）聚焦垂直领域

越是垂直的领域，才越能聚焦精准用户。这是内容运营的一个基本规律。因此，在打造挑战赛类内容的时候，品牌商一定要充分考虑挑战赛内容与抖音整体的传播调性，这样品牌、平台与用户之间的互动才能更加深入。另外，在内容创作上，还应当选择用户表达方式、用户习惯语言等，使用户自传播的渗透效果更加显著。

总而言之，励志、挑战赛类内容，就是要从用户出发，站在用户的立场上打造内容，从而激励用户更具信心地挑战自我、挑战他人。

打造抖音爆款内容的9条原则

随着短视频行业竞争日益激烈,在行业中逐渐形成一个共识:价值内容的重要性越发凸显。

以往用户关注的搞笑性、幽默性抖音内容,只能作为一种乐子,博人一笑。如今,一方面用户已经不再停留在简单的取乐上,相反更加希望从抖音短视频内容中获得有价值的东西,如生活技巧、以往从未涉及的知识、积极向上更具正能量的内容等;另一方面对于品牌商而言,笑过之后却并没有给抖音用户的脑海中留下任何与产品有关的印象。这样的内容其实就是一种"快消品",抖音用户在短时间内就将其"消费"殆尽,却没有起到任何实质性作用。这样的内容对于品牌商而言,对增加流量、提升销量而言没有任何意义和价值。

因此,品牌商需要将注意力放在价值内容构建层面,打造一个健康发展的内容体系,让品牌具备聚集粉丝的力量。这样才能用有价值的内容吸引更多用户的关注,进而达到预期的营销效果。

原则一：融入品牌IP

从2017年开始，IP热扛起了文娱产业的一面大旗。进入2018年，抖音的火热，使得众多大中小微型品牌商都借助抖音平台纷纷打造个人形象，为自己打造爆款抖音短视频内容。然而，打造品牌IP，突出品牌IP的内容，是抖音短视频内容成为爆款内容的关键。

抖音优质品牌IP内容往往具有更大的开发价值，因此，这种具有开发价值的IP就是超级IP。超级IP的价值在于能够收割更多的流量，而实现这一点的关键就在于我们自己是否能够IP化，品牌的产品是否能够IP化，通过IP化是否能实现流量的变现。通常情况下，抖音短视频内容中融入品牌IP，需要品牌IP具备以下三个方面的能力（见图4-9）：

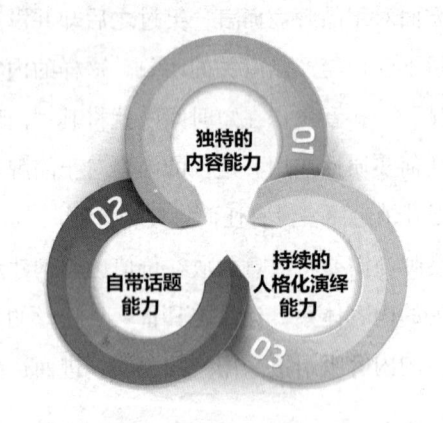

图4-9　品牌ID具备的能力

1. 独特的内容能力

这里"独特的内容能力"实际上就是指能够让抖音用户产

生持续关注的内容。如果一个品牌IP能够在不同类型的抖音短视频内容中都能很好地融入，那么这个品牌IP必然具备独特的内容能力，能够在不同类型的抖音短视频中广泛吸引用户，并在用户中形成强烈的冲击力，让用户因为这样的品牌IP而爱上这样的抖音短视品内容。

2. 自带话题能力

所谓"自带话题"，就是一个品牌IP能将所有人都连接起来的能力。这种自带话题的能力所体现的价值就是能够使不同的抖音短视频内容都因其而火爆，并具备广泛获取流量的能力。

为某一运动器械品牌打造超级IP，可以将减肥作为品牌IP，这样的IP本身就自带话题能力，能将一些身体偏胖、专注健美的人群连接起来，大家聚在一起进行话题讨论并点赞和转发。这样融入减肥IP的抖音短视频内容就非常受这类人群的喜爱，进而使其愿意成为品牌粉丝。

3. 持续的人格化演绎能力

品牌IP还应当具备人格化演绎能力，这样才能形成情感连接，在广大抖音用户中形成温度感和参与感。所谓"人格化"，就是使品牌富有人性化色彩，从而能够真实地表达品牌内容。持续的人格化内容可以表达出高傲、自信的一面，也可以表达出清新脱俗、与众不同的一面。但无论如何，重要的在于真实，真实能够通过独特的内容来吸引人去感知品牌中蕴含的微妙细节。

很多时候，品牌IP的人格化演绎，实际上就是大众的一个情感映射，是人们内心情感的真实流露，也是与人们之间产生情感共鸣的基础点。

总而言之，能够融入品牌IP，这也是实现爆款抖音短视频内容的重要因素。

原则二：能产生情感共鸣

抖音内容的价值，并不在于它有多精美，并不在于它是否具有足够强的观赏价值。抖音之所以能够吸引广大抖音用户集中注意力观看，是因为内容的本质其实是人心。

一件好的产品，其实与抖音精不精美没有直接关系，关键在于抖音短视频内容是否能够从根本上唤醒用户心里紧绷着的那根弦。换句话说，就是抖音能够真正产生情感共鸣、瞬间打动人心的内容，才是真正有价值的内容。这也是抖音价值内容的真正意义。

那么如何才能打造出让用户产生情感共鸣的抖音短视频呢？其实很简单，只需要对人性进行全面解剖，即可判断出打造能产生情感共鸣的抖音短视频内容的入手点在哪里。

抖音用户的人性可以分为以下几个方面：

1. 对美好事物的渴望

每个人都对美好的事物有一种憧憬和渴望，希望所有的美好愿望都能成真。这些美好事物往往是人们心中急切渴望得到的，但没有实现或得到的东西。

有才华的人，没有人会不喜欢。在抖音内容中展示才艺、技能的内容，除了常见的唱歌、跳舞等，还有更多的有关生活中遇到的冷门匠人技能，他们独到、精湛的技艺，往往是很多人所敬佩不已的。

胖的人希望自己能够苗条；在某方面技术欠缺的人往往希望自己能够成为这方面的大神、达人、大咖，如美食达人、健身大神、美妆达人、书法大咖等。

能打造出满足人们对美好事物渴望的抖音短视频内容，就能够激起用户内心的情感共鸣，使其爱上抖音内容，进而爱上品牌。

2. 满足人的七情六欲

每个人都有七情六欲，包括喜、怒、忧、思、悲、恐、惊。能够满足人们七情六欲的内容自然同样能够引起他们的情感共鸣。

（1）萌值+机缘巧合+声音，治愈用户的心

萌宝、萌宠等短视频内容，可以有效治愈用户的心，使其产生情感共鸣。毕竟能给人带来治愈感的东西，是没有人会抗拒的。

一方面对于有宠物、有宝宝的用户，这类内容为其建立了一种强烈的价值认同。因为有宠物、有宝宝的用户爱自己的宠物和宝宝，同样也喜欢看这类抖音短视频内容。

另一方面，对于无宠物、无宝宝的用户，则给他们提供"云养宠""云养娃"的机会，让用户被宠物和宝宝萌萌的颜值、声音所融化消解内心原本的怒、忧、思、悲、恐、惊。

一些萌宝、萌宠往往具有极强的治愈力，这些憨态可掬的内容往往非常容易让人们情感上得到治愈，并且容易点赞和反复观看。这样的短视频内容也十分容易成为爆款内容而在抖音平台上迅速蹿红。

（2）价值观认同+犀利文案+表述力，说到心坎里

所谓"说到心坎里"，往往是通过犀利的文案以及优质的表述力，表达出广大用户的心声，这些内容与广大用户内心的真实想法如出一辙，更能取得他们的价值认同。所以"说到心坎里"的抖音短视频内容，往往吸粉率极高。

事实上，价值观认同，往往蕴含着巨大的潜力。情感上的共鸣往往能收获用户的点赞，而价值观认同往往能让用户成为忠实的追随者和关注者。

"一禅小和尚"，就是通过犀利的文案+强大的表述力，赢得了广大抖音用户的价值观认同，让众多抖音用户成为其忠实的追随者和关注者。"一禅小和尚"凭借其说到用户心坎里的内容，收获了2亿的点赞量、4423.4万的粉丝数量，可见"一禅小和尚"价值观认同所体现的惊人聚粉能力。

总而言之，爆款抖音短视频内容，必先攻心。能够让用户产生情感共鸣的内容，才能让用户打心底认同你的内容，并由此爱上品牌。

原则三：注重强互动性

高高在上的广告永远无法给人以亲近感，更无法带来评论。简言之，用户更加愿意和品牌之间能聊得来、能互动。否则，用户就会"你若端着，我就无感"，与品牌的距离感越来越强。所以，品牌商要想让抖音短视频内容成为爆款内容，首先还是需要注重强互动内容的制作。

其实，抖音内容本身具有很强的互动性和社交属性，这也正是为何同样的内容，在抖音上看就能获得更高的点赞和粉丝，而在其他App平台上却收获甚少的原因。

那么对于抖音而言，什么是互动呢？在抖音平台上，用户看了短视频并不算互动，用户关注了短视频也不算互动，只有用户评论了短视频，并且得到品牌方运营者的回复，才算是真正的互动。互动必须建立在双方有来有往的基础上才能实现。

那么什么样的内容是具有强互动性爆款内容呢？

1. 话题类内容

有话题才会有互动。话题类内容往往相当于给品牌一个标签，有了这个话题做大框架，就可以吸引感兴趣的用户观看短视频，并在评论区加入兴趣讨论、追捧、相互研究。

如图4-10所示，左边的话题是："即将试穿的提瓶结，还有多少人记得？"右边的话题是："这是做日料里的生命材料，有谁知道？"这样的话题类内容，往往能勾起用户进入评论区回答问题，进行互动性讨论。

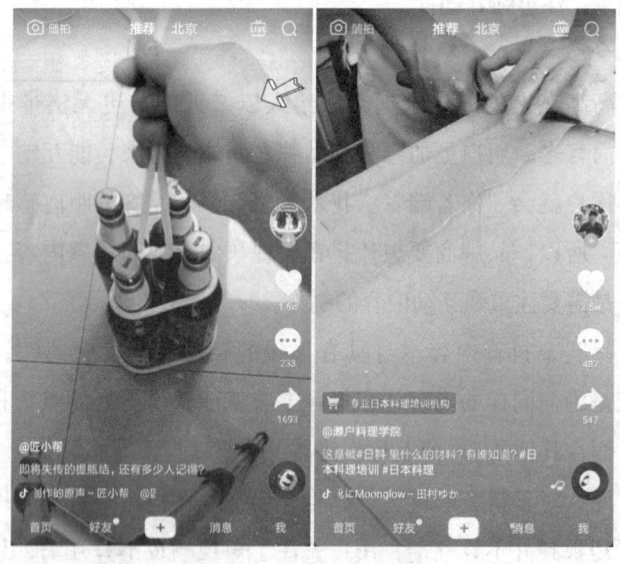

图4-10 话题类互动性内容

2. 动脑游戏类内容

动脑游戏类内容往往能吸引用户观看，并激起其强烈的参与感。因为如果能够通过动脑游戏成功找到答案，自然会有一种成就感和自豪感油然而生，毕竟这样的事情是极少数人才能做到的，通过这样的游戏可以充分证明自己的实力和才华，何乐而不为呢？

"动脑不会老"总是发布一些动脑游戏，这些游戏往往吸引用户参与互动，积极寻找游戏答案。这样的内容就是具备强互动性的内容（见图4-11）。

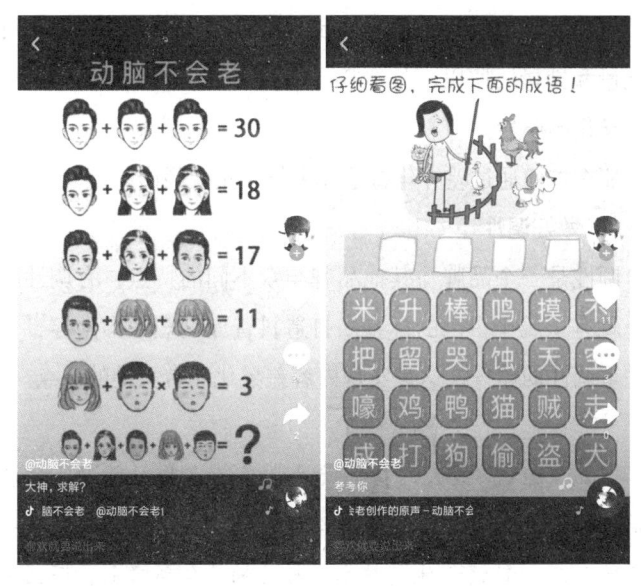

图4-11 "动脑不会老"的动脑互动类内容

总之，无论是话题类内容还是挑战赛类内容，都能有效调动用户互动的积极性，是引发用户关注，并提升粉丝转化率的重要途径。也正是因为这种强互动性内容，使得基于品牌宣传的抖音短视频内容成为爆款内容。

原则四：凸显差异化特点

有差异化的东西，往往才更具吸睛能力。在抖音短视频策划的时候，不要只想在短视频内容中介绍产品功能，这样的短视频会给人枯燥感，进而让用户反感，不愿意继续看下去。

因此，在融入产品功能介绍的时候，更要注重用户差异化内容的打造，因为基于差异化的产品功能解读、品牌精神传递，更容易吸引用户，更容易实现用户转化，为品牌带来可观的流量和销量。所以，打造抖音爆款短视频内容时，一定要注重差异化的凸显。

那么如何通过差异化打造爆款抖音短视频内容呢？

1. 做好调性

调性是一个品牌与其他品牌与众不同的特点，有调性的品牌，就有了属于自己的标签。打造抖音原创短视频内容，一定要注重调性的体现，这是实现内容差异化非常关键的一点。

"@黑脸V"最大的特点就是常年不露脸，所以他的调性就是神秘或者魔幻。他能够用各种各样的技术流拍视频技巧，使得粉丝不但钟情于他的技术，被他的才华所吸引，还因为他神秘的调性而对他的样貌产生很大的好奇心。

图4-12 "一禅小和尚"具有解读人生真理的调性

"一禅小和尚"的调性就是解读人生。通过解读人生,阐述人生哲理,来吸引广大用户的关注,并由此爱上"一禅小和尚",进而促使用户购买有关"一禅小和尚"推荐的相关产品(见图4-12)。

2. 做垂直细分内容

垂直细分内容是形成差异化最重要的途径,更是打造爆款抖音短视频内容的基础。如果抖音短视频能够抓住特定人群的差异化心理和需求,从垂直细分内容入手,就会吸引更多垂直领域的小众用户,以达到聚集精准用户的目的。

具体如何做垂直细分内容,前文中已经做过详细介绍,此处不再赘述。

3. 做富有独创性内容

什么是创意?什么是独创性?凡是能够灵光一现的东西,别人都没有的东西,都属于创意、独创。富有独创性的抖音短视频内容往往能够激起更多用户的关注,进而吸引更多用户转化为粉丝。当然,一些好玩、有趣、新颖的内容则会是用户主动分享给具有相同兴趣、爱好的圈内好友。这样抖音用户已经不再是单纯的用户,已经成为品牌商的粉丝,以及免费的抖音短视频内容的传播者。在圈内好友中形成二次传播,在一定程度上加速了品牌在抖音平台上的传播速度,同时也提升了聚粉效率。

4. 做稀缺性内容

稀缺性内容与饱和性内容相对应,饱和性内容即像家常便饭一样在抖音平台上用户经常能看到的内容,而稀缺性内容则是抖音平台上难得一见的内容。所以，如果在抖音平台上已经有的视频内容，运营团队就不要去继续凑热闹，要想让自己的抖音短视频内容凸显差异化，真正要关注的是那些稀缺性较强的内容。越是稀缺的抖音短视频内容，越能为品牌商建立自己坚不可摧的堡垒。

那么怎么知道哪些是稀缺内容呢？

第一步：点击在抖音短视频右上方的搜索图标（见图4-13）。

图4-13 点击在抖音短视频右上方的搜索图标

第二步：进入抖音热搜，点击"查看热搜榜"（见图4-14）。

第三步：查看抖音热搜榜，就能知道哪些是当前的热点内容，进而寻找一些热搜榜中没有的内容进行短视频创作。这样创作出来的内容就是稀缺性原创内容（见图4-15）。

图4-14 进入抖音热搜点击"查看热搜榜" 图4-15 查看抖音热搜榜

抖音内容的稀缺性越高，内容的原创性越凸显。这样，品牌商在一定意义上，就将这种稀缺性打造成了其品牌名片，使品牌能够在众多抖音短视频中脱颖而出，展现出属于自身的品牌独特性，包括我们是谁，我们代表什么，我们能够给用户传递什么样的信息。

5. 做更具深度的内容

越是具有深度的内容，越具有超强的穿透能力。更具深度的内容往往更具"思想力"，能够通过抖音短视频，让用户深刻了解和认识到品牌精神和品牌文化，并且能引发更加持续、深入的思考。品牌方可以借助感性的素材，以原汁原味的内容形式将品牌精神和品牌文化呈现出来，在用户内心的更深处激起涟漪，让品牌内涵深入人心，这是一种不可抗拒的思想力量。能做到这一点，与那些流于表面文章的抖音短视频相比，差异化特性自然就能凸显出来。

总之，能做好以上几点，打造出来的抖音短视频差异化内容也算是非常不错了。

原则五：要具备痛点思维

在生活中，人人都会遇到难以解决的痛点问题，这些会在他们内心形成阻碍。如果能够抓住用户痛点，并打造出超出用户期望的抖音短视频内容，为他们提供解决痛点的方法，克服他们内心中的这些阻碍，自然能够给其带来极大的惊喜，并使其对抖音号形成长效关注，成为品牌、商家的忠实粉丝。所以，品牌商在打造爆款抖音短视频内容的时候一定要具备痛点思维，而挖掘用户痛点是品牌、商家的必备功课。

事实上，用户"痛点"对于品牌、商家而言，其实是好事。有了这个"痛点"的存在，才能让品牌、商家能够针对这样的痛点打造出解决痛点的抖音短视频内容，进而让用户痛点能够因此迎刃而解。

很多女性朋友买了一款心仪已久的毛衣，收到货后突然发现毛衣的V字衣领太大，穿着有些尴尬。此时这件毛衣对于自己来说，穿着尴尬，不穿放着压箱底又有些心不甘。而如何让这件毛衣既不用压箱底，又能化解尴尬，是最让人头疼的问题。

"范小玥"就通过一段简短的抖音短视频内容，只用一块蕾丝布、一根针、一根毛线，教会广大女性如何用一些小技巧简单化解这样的尴尬，让广大用户的痛点不再"痛"（见图4-16）。

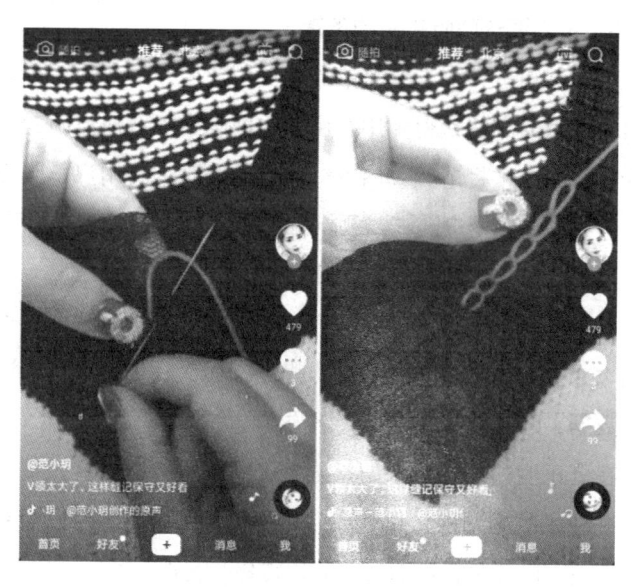

图4-16 "范小玥"用小技巧解决用户生活中的痛点

那么如何发现用户痛点呢？

1. 产品测评中聆听用户的声音

已有用户使用过产品，他们往往最有发言权和话语权。他们更加了解产品，更加明白现有产品在哪些方面没有满足其需求。很多时候，他们会将自己的痛点写在使用评价中，你也可以通过查看用户评论的方式去聆听用户的心声。

2. 在抖音评论区聆听用户的声音

抖音评论区本身就是一个加强用户与品牌商互动的渠道。在这里，用户畅所欲言，而品牌商可以将这里当做是聆听用户声音、挖掘用户痛点的最佳场所。如果能抓住用户实实在在的痛点，就能针对这些痛点，打造出更加受用户喜爱的爆款抖音短视频内容。

3. 市场调查聆听用户的声音

市场调查是一个十分简单的挖掘用户痛点的方法，可以通过问卷调查的方法，得知用户生活中面临的那些痛点问题，再根据这些痛点来打造相关内容。这样的内容来自用户，服务于用户，更加贴合用户需求，更能赢得用户的喜爱。

4. 大数据分析聆听用户的声音

对于一些大中型品牌商而言，除了以上三种方法，还可以根据大数据分析的方法挖掘用户痛点。而大数据来源可以通过交换数据、购买数据、共享数据的方式实现。

在真正明白用户痛点的基础上，再着手打造抖音短视频内容，并融入品牌调性、品牌产品等相关营销内容，可以为品牌商带来更多的流量，进而加速流量转化与变现。

俗话说："谁能抓住用户的核心需求谁就能长盛不衰。"其实品牌商借助抖音运营，同样是这个道理。品牌要想在抖音上不会沦为昙花一现，就要不断持续生产出优质内容，解决用户痛点，这样才能让品牌在抖音平台上持久发展。如果不能解决这个痛点，就想要留住用户、保住流量，并实现持续不断地流量变现，这样是很难实现的。

原则六：能引起用户好奇

相近或相同的内容，往往让用户在长时间观看同类抖音短视频后失去观看热情。而那些新奇的内容往往能满足用户的猎奇心，能够给他们带来不一样的视听感受。这也是作为爆款内容能够引起用户好奇心，吸引更多用户关注的原因。

如何做才能打造出引起用户好奇的抖音短视频内容呢？具体而言，能引起用户好奇的抖音短视频内容应当满足"3W+1S"原则。

1. Why（为什么）

既然要打造能够引起用户好奇的抖音短视频内容，就一定要明确为什么要打造这样的内容。人人都有一颗猎奇心，好奇的人或事物，往往更能"撩起"用户围观的欲望，进而扒开其中的缘由。这也是要打造能引起好奇内容的原因。

2. What（什么）

要打造能够引起用户好奇的抖音短视频，首先就要明确哪些才是能够真正引起用户好奇的东西。通常，人们经常能见到、随时可以了解到的事物，是很难具有吸引力的。试想一个人十八般武艺样样精通，无论哪种招式都能打得如行云流水般，当别人提起其中一门或几门武艺的时候，又怎么会感觉新奇？所以，但凡能够让人感觉新奇的东西，自然是那些稀奇古怪的东西或未涉足的领域，这样才能激起人们的兴趣，去进一步了解。

因此，真正能够引起人好奇的内容，应当包含以下几方面：

（1）鲜为人知的事物

人们往往对鲜为人知的东西充满了好奇心，并在好奇心的推动下去不断探索。就像是科学家一样，一旦发现了一个自己甚至全人类都并不了解的事物，自然会意气风发地迎上去探索一番。这是人的一种本性。所以，能引起用户好奇的抖音短视频内容，必然源自一些鲜为人知的事物。

"生僻字"，中国的汉字博大精深，常用的汉字我们自然是极为熟识的，但也有很多生僻字是我们很少有机会遇到或者用到的。所以，将"生僻字"作为抖音短视频内容，能吸引用户的猎奇心，并使得用户自发参与进来，检验自己究竟能认识并正确读出几个生僻字。这就是一种很好的能引起用户好奇的内容（见图4-17）。

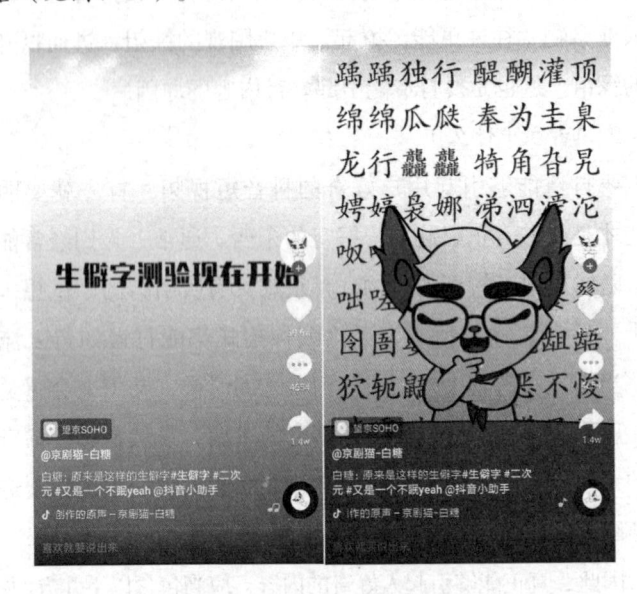

图4-17　生僻字吸引用户的猎奇心

（2）新奇的事物

稀松平常的事物是很难引起人们关注的，新奇的事物往往具有强烈的吸引力，有一种让人无法抗拒的力量让人为之着迷，让人情不自禁地去追逐，去一探究竟。越是新奇的事物，吸引力越大。

"酷科技"拍摄了一款展示超级神奇的洗衣机的短视频，这款洗衣机的神奇之处在于体积小，可以拍扁折叠，出门旅行时放进背包里随身携带，而且洗衣洁净能力超强，可以说是众多洗衣机中可以带着说走就走的"战斗机"。这样一款神奇的洗衣机，是以往人们闻所未闻、见所未见的，这样神奇的"新物种"对于广大用户来讲，吸睛能力超强。这则短视频一经发布，在短时间内就获得了14.4万的点赞量，收到了1980条评论，并被8271人转发。显然，这则短视频内容已经成为抖音平台上的爆款（见图4-18）。

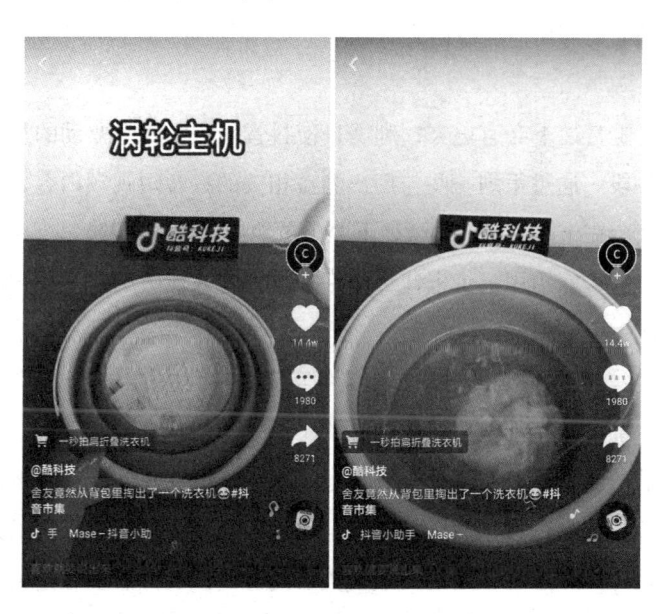

图4-18 超级神奇的洗衣机使用展示

3. When（何时）

能引起人好奇的短视频内容，在录制的过程中，不要将最能揭开谜底的地方放到最前面，否则用户停留在页面的时间不会太长，不利于留住用户。所以，在为用户解开好奇谜底的时间，一定要放在中间或者靠后的时间点，才是最好的。

4. Surprise（惊喜）

打造抖音短视频内容时，要想吸引用户观看，就一定要在短视频内容中设置能够让用户产生惊喜的点。否则，没有出乎意料的惊喜，就会最终浇灭用户最初的好奇心和观看热情，失去用户的心，更不会使用户为短视频内容点赞。这样的抖音短视频内容是很难成为爆款内容的。

原则七：与用户利益相关

重赏之下必有勇夫，利诱是使抖音用户实现自驱动的最有效手段。通过策划一些与用户利益相关的抖音短视频内容，用户就会在丰厚赏赐的刺激之下，勇敢地接受任务挑战。

那么能给用户带来什么样好处的内容才能吸引广大用户的关注、点赞和转发呢？

1. 能看得到的与用户相关的实实在在利益的内容

事实上，凡是用户最关心的，都是与用户利益相关的。在利益的驱使下，几乎很少有人会抵制得住诱惑。实实在在的好处应让用户一目了然。能知道自己参与互动之后可以获得的好处是什么，这往往是用户最为关心的。所以，品牌商在进行抖音短视频内容策划的时候，要想让内容吸引更多的人参与，让内容成为爆款，就需要从满足用户利益的内容出发，能够让用户清楚、明白地知道自己参与进来能够收获什么样的利益。

挑战赛是一个很好的与用户利益相关的内容。品牌商可以借助抖音挑战赛类内容让广大用户发起挑战，来模仿拍摄。而那些觉得好玩并对挑战赛感兴趣的用户就自发点赞、关注并转发。

赛菲尔珠宝发起了"与阿童木合拍，赢赛菲尔好礼"的挑战赛活动。凡是在2018年10月25日~30日参与活动的用户，可以与表情帝阿童木拍摄抖音视频，秀出百变Q萌表情。在抖音中阿童木和拍视频点赞最多的用户，可以获得赛菲尔珠宝提供的价值千元"铁壁阿童木"转运珠一枚。这样丰厚的奖励，让人怦然心动，自然能够吸引更多的用户观看，进行互动（见图4-19）。

图4-19 赛菲尔珠宝抖音挑战赛

2. 用户得到成长的内容

如今，抖音用户对内容的追求，已经不仅仅停留在颜值、搞笑、唱歌等基础内容上去消磨时间，更多的是希望通过有价值的内容能学习到以往并没有机会学习到的知识，这些知识往往可以使他们收获成长。

所以，要想让用户在情感上产生共鸣，还需要从专业性、稀缺性知识方面进行价值内容打造。在用户意识到你的内容能够让其真正得到成长之后，自然而然会对你的内容形成长效关注。这样，打造爆款内容也就水到渠成了。

"博巴知识星球"所发布的内容都是人们生活中经常出现的，但很少人会知道其中的问题解答，再加上图文的形式呈现给用户，这样的内容能够给人耳目一新的感觉，让人们了解很多自己常见却不知缘由的知识。广大抖音用户在观看了"博巴知识星球"发布的这些内容之后，会掌握更多的知识，让自己的知识层面得到进一步提升。而知识的丰富，是一个人得以成长的必经之路。

正是因为这样能够为用户答疑解惑的内容，使得"博巴知识星球"获得了超过147.2万的总点赞数，以及43万的粉丝。这样的短视频内容能够收获如此好的点赞量和粉丝，在抖音上的众多草根商家中已经可以被看做是爆款内容了（见图4-20）。

图4-20 "博巴知识星球"打造的能够让用户得到成长的内容

总之,与用户利益相关的内容,必定能够吸引用户关注,并成为品牌商的"真爱粉"。这也是抖音短视频内容能够成为爆款内容的关键原因之一。

原则八:具备病毒特性

病毒传播是一种十分快速的传播方式。品牌商在借助抖音平台营销的过程中,这种具备病毒特性的抖音短视频内容能够受到广大抖音用户的喜爱和青睐,并且激发他们强烈的模仿和转发。品牌商可以在抖音平台上以低廉的成本,在广大抖音用户中实现"一传十,十传百"的信息扩散,最终传给数以万计的受众。

所以,品牌商应当打造具有病毒特性的短视频内容,让产品和品牌价值能够在最短的时间内在抖音平台上实现无限扩散，用最快速的方式达到品牌宣传覆盖面积的最大化，这样能够有效促成抖音短视频内容成为爆款内容。

那么应当如何打造具有病毒性抖音短视频内容，实现品牌价值和品牌精神的快速传播呢？

第一步：创造"病原体"

既然要打造具有病毒特性的抖音短视频内容，那么首先就要创造合适的"病原体"，这个病原体能够让广大受众主动转发、模仿的前提是必须有足够的吸引力。有吸引力的内容，受众才会在观看完短视频之后过目不忘，并主动将"病原体"分享传播给其他人。品牌商在创作"病原体"的时候，一定要注意以下几点：

（1）选对形式

要想让抖音短视频内容能够摆脱俗套，在众多短视频中一跃而出，并获得预期的点赞数、粉丝量，以及转发、模仿，选择"病原体"的形式是关键。所以，品牌商应当以适合品牌IP的内容形式，如话题类内容、分享类内容、曝光类内容或者励志挑战类内容。

（2）立意新颖

抖音用户之所以会为短视频内容点赞，必定是由于短视频内容有异于他人之处，而这些必定是有趣、有价值、有新鲜感的内容。所以在创造"病原体"的时候，一定要本着"新颖"两个字下功夫。

海底捞火锅制作的抖音短视频"海底捞网红吃法合集"

一经发布,就赢得了抖音用户的广泛关注,并吸引了各路"吃货"纷纷到各地的海底捞火锅店模仿拍摄与海底捞火锅发布的同款"网红吃法"视频,广大"抖友"如同"疯魔"了一般,形成了"病毒式"传播效应。这样具有创意的"病毒性"短视频内容,不但为海底捞带来了庞大的粉丝数量,而且还带来了极为可观的销售额(见图4-21)。

图4-21 海底捞"病毒性"抖音短视频内容

第二步:舆论领袖诱发主动传播

在创造出"病原体"之后,接下来就是对具有病毒特性的抖音短视频内容进行传播。然而,并不是任何人做博主都能获得预想的传播效果。舆论领袖,即关键意见领袖的作用是不可忽视的。

关键意见领袖作为一个群体里在某方面具有特殊技能、知识以及其他特质的人,而成为群众眼中的权威人士,为群众所信任或接受,进而对群众的购买行为能够产生极大的影响。

换句话说，关键意见领袖对品牌传播信息具概括加工和解释功能、扩散与传播功能，对于群众而言具有支配和引导功能、协调或干扰功能。可见，关键意见领袖在病毒性抖音短视频传播过程中具有十分强大的威力。

目前，抖音全球月活跃用户数量已经超过5亿，这为病毒性抖音短视频的传播提供了强大的传播基础，是实现病毒式抖音短视频内容成为爆款内容的重要手段。

原则九：易于他人模仿

虽然未来的抖音短视频一定是UGC（用户原创内容），但PGC（专业产生内容）使得内容的专业性增强、精美程度加强，抬高了内容生产的门槛。然而，即便如此，抖音的内容都是可以模仿的，不论是草根还是企业号的抖音短视频内容都可以被别人模仿，实现抖音短视频在短时间内被模仿成爆款的目的。

那么，什么样的抖音内容能够激起广大抖音用户激情而慢慢地模仿起来呢？

1. 通俗上口

抖音本身就是一个以声音和图像相结合的记录美好生活的平台，所以在创造"病原体"的时候，在牢牢抓住用户视觉体验的同时，还要注重用户听觉体验，打造通俗易懂、轻松上口的内容，才更能成为抖音平台上众多短视频内容中的爆款。

"生僻字"中的内容都是以四字成语进行串联，并且配上适当的音乐，让人在哼歌的过程中就能熟记这些生僻字的读法，这样使得原本生僻晦涩的汉字变得通俗易上口，让人像中毒一样"根本停不下来"。这也正是为何在抖音平台上有很多用户会对"生僻字"进行模仿，打造同类视频的原因。

2. 艺术感染力

有艺术感染力的内容，才更容易在人们中间进行广泛传播。短视频具备娱乐性、艺术性，往往能够易于被大众喜爱、接受，并轻松进行模仿。

3. 简单易上手

操作复杂的东西，对于大众来讲，在其模仿的过程中增加了难度，一旦某一环节模仿失败，就会丧失继续模仿的积极性，进而半途放弃。这样的内容不易于在广大"抖友"中广泛传播。只有简单易上手的东西才能实现人人轻松模仿和操作，进而使得某一抖音内容在抖音平台上频繁出现。

能够具备以上三个特点的抖音短视频内容，必定能够成为抖音平台上的爆款。

第五章

吸粉技巧：
从 0 到 100 万粉丝的飞跃

近年来，抖音短视频受到广大年轻人的青睐，所以抖音的用户绝大多数集中在年轻人群体。抖音平台上众多的用户每天都会产生数以千计，数以万计的新作品。这么多作品都挤破头般地上推荐、上热门，为的就是能够吸粉。尤其是品牌商，更需要借助抖音积累粉丝。只要掌握一定的吸粉技巧，品牌商借助抖音实现从0到100万粉丝的飞跃也不是难事。

基础引流,带来基础流量是关键

品牌商借助抖音进行运营,目的就是获取点赞量,获取粉丝量。然而"粉赞比=粉丝数÷获赞数",粉赞比数值越大,代表着对应的内容账号吸粉能力越强。通常粉赞比是0.1,代表的是一个普通的参考值,而粉赞比达到0.2或者0.3,则代表账号的吸粉能力更强。最高的也有达到1左右的账号,不过非常稀少。无论粉赞比多少,引来基础流量才是关键。

常见的抖音基础引流方法有:头像设置微信、昵称中设置微信、抖音号里设置微信、简介中设置微信、内容中设置微信、视频描述中设置微信、上传的音乐标题设置微信、私信发文案引流到微信等几种。

昵称中设置微信

昵称本身是在抖音页面非常显眼的位置,让用户能在观看视频的时候,一眼看到微信账号,进而将流量直接导入微信账号,实现变现。

在抖音昵称中设置微信,常见的形式有两大类(见图5-1):

1. 昵称+微信账号
2. 直接微信账号做昵称

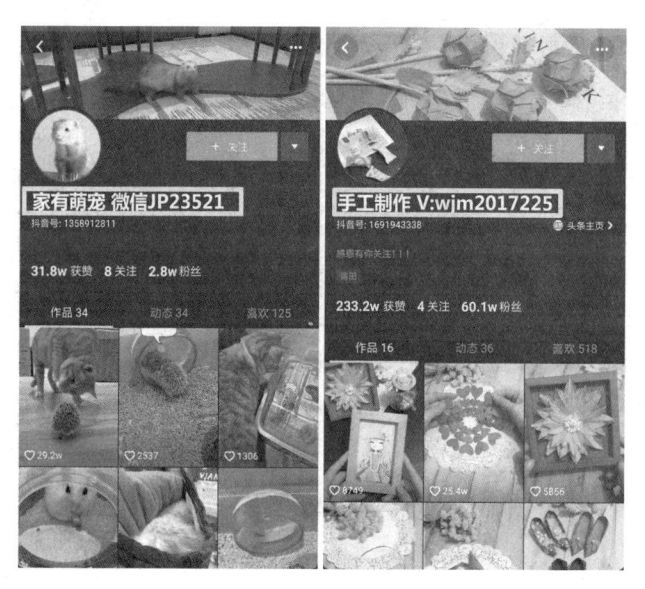

图5-1　昵称中设置微信

抖音号里设置微信

对于好的抖音内容，如果知道抖音号，就可以在抖音页面右上方的"搜索"图标中输入抖音号查找相关的抖音内容。再加上抖音号本身是由数字或字母组成，甚至是二者组合而成，一连串的数字和字母很容易映入人们的眼帘。所以，抖音号凭借其已被关注的特点，可以在抖音号中设置微信账号，以便将抖音用户引流到微信账号。

常见的抖音号里设置微信的形式有（见图5-2）：

1. 抖音号：V+微信账号
2. 抖音号：VX+微信账号

图5-2　抖音号里设置微信

签名中设置微信

微信有个性签名，抖音同样也有。个性签名是一个张扬抖音用户个性化，体现抖音主题的重要渠道，这里是快速了解商户品牌调性和抖音主题的地方。在这里设置微信账号，可以为与品牌调性相投的用户开通一个打通品牌调性的大门，也是喜欢抖音主题内容的用户进一步深入关注的通道。而对于商户来讲，则是一个非常好的引流渠道。

常见的抖音签名中设置微信的形式有（见图5-3）：

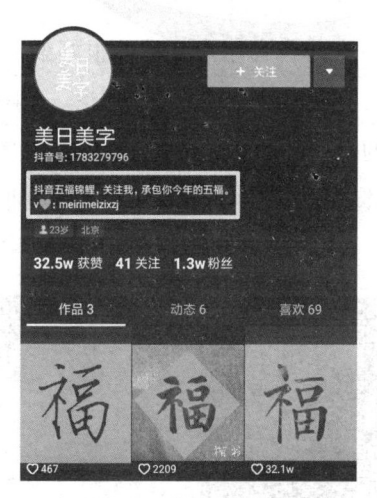

图5-3 签名中设置微信

1. 品牌调性+微信账号
2. 求关注+微信账号

内容中设置微信

抖音短视频是用户观看的重点，在抖音短视频中设置微信，可以让用户在看视频的时候就能发现微信账号，同样能够起到很好的引流作用。

常见的抖音内容中设置微信账号的方法有：

1. 抖音内容中口头引导。
2. 在抖音内容中以图片的形式放微信二维码。
3. 视频背景中融入微信（见图5-4）。

评论区引流到微信

评论区是一个与抖音用户互动的很好渠道。对抖音内容感兴趣的用户，会在这里发起讨论、评论。品牌商可以借助这个渠道将自己的微信账号发送出去，以便让更多的用户在浏览评论的时候能够看到，这样对商家来讲能起到很好的引流效果（见图5-5）。

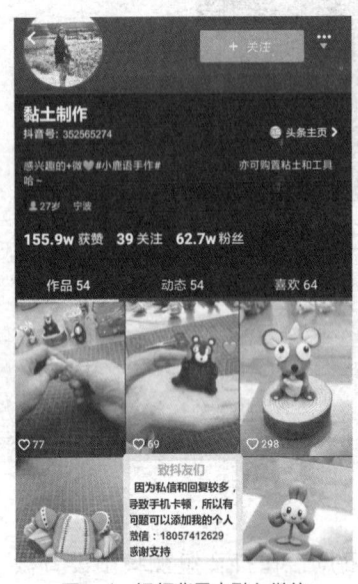

图5-4 视频背景中融入微信

图5-5 评论区引流到微信

视频引流,掌握必备吸粉秘籍

2018年最火爆的自媒体无疑是抖音,在抖音火爆之际,使得专注线上、线下运营的商家、品牌开始全面"拓荒",寻找新的出路。那些已经在借助抖音全面发展的商家、品牌,已经从中尝到了甜头,获得了丰厚的盈利。显然,抖音为商家秀出产品、带来销量的急剧增加,这一点是我们不可否认的。

然而,在丰厚的盈利背后,关键是商家、品牌能够实现高效引流,有流量才有销量。所以,对于商家、品牌而言,如何掌握抖音吸粉秘籍,是值得思考的重要问题。

借助网红流量

随着抖音的火爆,在抖音平台上崛起一大批网红,他们成为抖音主要的内容贡献者。正是这些网红,为抖音平台做推广,为抖音平台引来了巨大规模的流量。

抖音能够火爆的一个重要原因,在于抖音平台上培养出来的数量巨大的网红。要知道,网红本身就有强效聚粉的能力,这是一个毋庸置疑的事实。2017年11月,今日头条为抖音的网红们举办了一场非比寻常的庆祝大会，并宣布将花费3亿美元帮助他们增长粉丝，提高收入。抖音的目标是在接下来的一年里创造超过1000名拥有百万粉丝的网红。

显然，抖音平台花重金打造出来的百万粉丝级网红，为抖音带来了巨大的商业价值。对于普通商家、品牌而言，想要实现大规模流量，同样可以借助抖音平台网红的力量。

那么如何借助网红流量为商家、品牌进行引流呢？

1. 网红推荐产品

网红本身就有很强的带货能力，让网红为商家、品牌推荐产品，是最为直接的引流方式。网红往往在拍摄抖音短视频时，以及在与广大抖音用户、粉丝互动时，比寻常人更加有经验。让网红帮助商家、品牌推荐产品，能够在短时间内提升产品的曝光量。

通过网红的一个简单推荐，就可以为将网红粉丝转化为品牌粉丝，为商家带来巨大的流量和销量。但网红推荐产品，相当于网红为品牌代言，因此是需要商家和品牌向网红支付一定广告费用的。具体的费用要依据网红的知名度而定。网红的粉丝量在一定程度上是衡量网红"红"的一个重要因素。

2. 网红推荐扫码

有的网红虽然在抖音平台上拥有较高的人气，却并不适合直接推荐产品。这时候，商家和品牌依然可以找他们合作，通过推荐商家、品牌商二维码的方式，为商家、品牌商进行引流。具体就是在录制抖音短视频的过程中，贴出商家、品牌的二维码或者微信号。

这种网红推荐扫码增加流量的方式，费用通常是为商家每增加一个粉丝，就给网红一定金额的酬劳。与网红推荐产品的方法相比，这种方法更加注重的是粉丝的长期效益。商家可以自己留存粉丝，并做长期的维护和转化。很多商家喜欢用这种方式进行引流，因为这种方法能够为自身带来大量粉丝的同时，还能在一定程度上保证粉丝的质量。

商家借网红的力量可以带来上百万流量。但一定要坚持认真执行，因为引流是一个持之以恒的过程。只有长期推广才能为你的产品带来更好的流量和销量。

释放普通民众的创造力

如今，很多抖音短视频都不是明星、网红拍摄的，而是来自于普通民众的短视频自我创作。这些民众往往在日常生活中偶然发现了非常富有趣味的商品、商铺等，从而激发出自发拍摄短视频的意愿，并且将短视频上传到抖音平台。这种普通民众主动释放自我创造力而拍摄的抖音短视频内容，在不经意间就为品牌、商家做了一次很好的宣传。

由于某些民众的创意才华卓越，其发布的抖音短视频吸引了无数抖友的围观，并被大量转发和模仿，从而能实现品牌、商家以及其产品的二次乃至多次传播。这样的传播方式，一传十、十传百，能够给品牌、商家带来超乎想象的流量。

一些有创意的"吃货"们，往往喜欢通过使用自己的智慧制作充满奇思妙想的创意美食，或者介绍自己在某个美食饭店新发现的创意吃法,并将整个制作过程拍摄下来。

比如吃客在海底捞自创的低成本创意美食,即将生鸡蛋和虾酱塞进豆腐球里,然后将它们煮沸享用。这样的抖音短视频一经发出,就吸引数千人转发,并马上去海底捞录制属于自己的版本。如今,如果有食客单点"豆瓣菜",服务员就会毫无疑问地为他送来生鸡蛋和豆腐球。

比如可以吃的毛笔,实际上是由面粉制作的毛笔形状的美食,在吃的时候蘸上碟子里的液体状巧克力。这种创意网红美食吸引众多食客去"打卡"、拍视频并在抖音上发布。

比如用电熨斗熨出来的铁板牛肉。这样的吃法闻所未闻、见所未见,自然能引来无数食客来店尝鲜,能吸引食客自发拍摄视频在抖音上上传炫耀一番。既然那么多食客去"打卡"、尝鲜,作为代表时尚、潮流的年轻人,似乎不去尝鲜就给人跟不上潮流的感觉。这种人们趋之若鹜去尝鲜、去体验、去拍抖音短视频的情况,也是常有的事。

可见,普通民众的创造力是无穷尽的,其引流能力更是出人意料的。

发挥明星效应为品牌背书

越来越多的明星开始加入品牌抖音运营的行列。起初,明星做抖音是希望让公众围上来观看,从而刷存在感。这种按照自己的想法拍摄短视频并上传在抖音平台的方式,比让人偷窥所获得的知名度更加显著。然而,品牌商看到了明星做抖音短视频所蕴含的隐藏价值，邀请明星拍摄抖音，为品牌代言，成为一种全新的营销方式。

明星本身自带规模超大的粉丝和流量，邀请明星借助抖音平台为品牌宣传，可以将明星粉丝顺利地转化为品牌粉丝，进而提升这些品牌粉丝转化为客户的概率，有效提升产品销量。

那么品牌如何在抖音平台上借助明星效应为品牌背书呢？有以下两种方法（见图5-6）：

图5-6 借助明星效应为品牌背书的方法

1. 明星推荐

明星推荐实际上与网红推荐类似，品牌商可以借助明星的好口碑为产品背书，在抖音短视频中为品牌做推荐、做代言，以达到吸粉、引流的目的。

梵蜜琳神仙贵妇膏，就邀请诸多明星为品牌做抖音推荐，如著名演员赵奕欢、张馨予、周丽淇、郭碧婷，著名主持人李湘、柳岩等为品牌代言。她们一方面是极具人气的大牌明星，在大众心目中有十分完美的人设和良好的口碑；另一方面，作为美丽与魅力集于一身的女性，护肤产品是她们必备的日常用品,通过她们现场手背测试、面部测试的方式展示产品,为用户做产品宣传,向用户传达产品品质,为梵蜜琳这一品牌聚集了大量人气,带来了诸多流量。

2. 明星见证

抖音本身就是一种新潮的自媒体平台,品牌、商家可以将其看做是自我宣传的好渠道,能够借助这样的渠道让更多的人了解品牌产品相关的信息,进而实现路转粉,在短时间内成为产品的实际购买者。相比于品牌商,尤其是那些中小微商家,大众对明星的了解热情要远高于他们,对明星的信任度也要高出很多。所以,明星为品牌做见证,为品牌背书,能够更好地提升知名度。

那么明星该如何为品牌作见证呢?可以让明星以短视频的方式将产品的整个生产流程进行还原,并在抖音平台上传,让观众对生产流程更加了解,成为生产车间的"见证者"。这样的抖音短视频更具真实性,可以消除观众的"造假"疑虑,更能增加用户的信任感。这将为品牌借助抖音营销带来更好的宣传效果。

总而言之,粉丝是品牌商借助抖音运营中的一个必需群体,没有粉丝就没有品牌。无论是网红、普通民众还是明星,都是品牌商借助抖音引流的必备人群。

流量沉淀，抖音有效聚集"真爱粉"

互联网时代，网民数量不断激增，这就为品牌抖音运营提供了很好的用户基础。品牌商借助抖音平台做品牌宣传，为的就是能够大量吸睛，乃至吸金。显然，这种营销方式受到广大网友的追捧，也成了品牌流量沉淀，并聚集"真爱粉"的方式。

内容驱动：借助品牌年轻化内容"圈粉"

如今，抖音短视频App正在广大年轻人中走红，85%的抖音用户年龄都在24岁以下，他们大多数为"95后"，乃至"00后"，所以年轻化成为抖音最大的特点。基于这个特点，品牌商在玩转抖音的过程中，也应当以打造年轻化内容为基准点，以年轻化内容迎合年轻化用户群，在满足年轻化用户新、潮需求的基础上，实现品牌"圈粉"。

"圈粉"的过程，就好比是品牌与用户"谈恋爱"的过程。品牌商只有充分了解用户，知道用户真正喜欢的是什么，才能投其所好，赢得其"芳心"。

具体来讲，如何才能借助品牌年轻化内容"圈粉"呢？

1. 融入年轻化品牌调性

任何时代都是年轻人的天下，经济市场领域亦是如此。随着互联网、移动互联网的不断发展，消费主力军逐渐向年轻化挺进。这时候，品牌如果不年轻一点、时尚一点，就真的危险了，就不会受到抖音用户的关注，更不会为品牌有效积累粉丝。

抖音就是一个建立在年轻用户基础上不断发展的平台。品牌商要想借助这个平台开展营销活动，关键是需要打造与当前消费主力军相匹配的年轻化内容，而且这样的年轻化内容还需要符合品牌调性。

可口可乐总是能将品牌营销做得精致、时尚、潮流，这也正是可口可乐品牌的年轻化品牌调性。可口可乐有一款可以拉花的包装设计，而且是限量版。因此，很多商家将这一极具调性的产品包装拉花过程拍摄下来发在抖音平台上。这样具有调性的新奇产品创意非常受年轻抖音用户的青睐，因此吸引了广大抖音用户的迅速转发，并激发他们购买这种拉花包装的可口可乐，拍摄同样酷炫的抖音内容。这样不但为可口可乐积累了大量粉丝，还进行了二次，乃至多次宣传。

2. 融入新鲜创作元素

往往越是新鲜的东西，越能吸引人。因此，融入新鲜元素对商家打造年轻化内容也是大有裨益的。

既然是新鲜元素，就应当是别人所没有的，能给广大抖音用户带来耳目一新的东西。

（1）呆萌的动画人物形象

呆萌的动画人物形象，对于广大年轻群体来讲有一种难以抗拒的魅力，所以使用呆萌的动画人物形象融入抖音内容当中，能够深深地吸引年轻群体，让其为这种呆萌的卡通形象而"一见倾心，二见钟情，三见定终身"，此时最初的抖音用户就已经被萌化人心的动画人物形象而一步步推向了粉丝的最高级别——铁杆粉、死忠粉（见图5-7）。

2018年，抖音平台上有一只能说会道的"网红猪"，凭借其呆萌的形象，以及与人互动的日常故事，圈粉无数。截至2019年1月底，该抖音号已经收获了超过3412.7万的点赞，拥有了超过730.9万的粉丝。由于其憨态可掬的形象，迎来广大粉丝的自发推广，从而为其进一步扩大了影响力。而相关的智能玩具也都受到人们的喜爱，成为智能玩具行业中的热点。

图5-7 呆萌的动画人物形象聚粉

（2）年轻、富有朝气的明星、网红代言

新生代明星、网红，他们与广大抖音用户年龄相仿，通常在喜好上较为接近，让他们为品牌代言，更能使产品与年轻的抖音用户之间在情感上建立起一种共鸣，进一步产生某种联系。这对于品牌借助抖音营销来讲也具有很好的"圈粉"作用，从而能够帮助品牌产品顺利进入市场。

需要注意的是，在年轻、富有朝气的明星、网红做代言人的时候，一定要考虑到其形象、魅力、知名度、亲和力、可信赖度、现代感、受欢迎程度等各种因素。同时，还需要注意明星的个性与品牌的调性相吻合，这样才更能让抖音内容真正呈现出有朝气、有活力、充满正能量的年轻化特点。

"三感"驱动：注重用户"三感"的满足

品牌要想在市场中站得住脚跟，首先就需要在一定时间内积累足够量的粉丝。借助抖音营销渠道，与其他传统的营销渠道相比，更是一种绝佳的选择。对于品牌商来讲，借助抖音平台积累粉丝是提升品牌人气的根本，也是实现品牌销售转化率的基础。

品牌如果想借助抖音聚集"真爱粉"，就需要注重抖音用户"三感"的满足。

1. 沉浸感

所谓"沉浸感"就是让人专注于眼前的愉悦和满足，而忘记了真实世界的情绪。沉浸感往往是人的感官体验和人的认知体验两个方面获得愉悦和满足。

沉浸感的发生，通常伴随着九个因素，包括：每一步都有明确的目标；对行动有迅速的反馈；挑战和技巧之间的平衡；行动和意识相结合；摒除杂念；不必担心失败；自我意识的消失；时间感模糊；行动具有自身的目的。

品牌商可以借助抖音打造高清画面和超强的沉浸感设计，如打造有一定故事情节的抖音短视频，可以让抖音用户在观看短视频时，完全沉浸在故事情节中，思维随着故事情节的发展向前推进，同时整个人自我意识完全消失，丝毫没有注意到时间的流失。在遇到有自己喜欢的内容时，用户就会自动点赞或转发，希望自己身边有同样喜好的同事、好友、亲人等也能看到这样的短视频。

"乐町宠物用品店"在抖音上推出了这样一段视频：一只茶杯犬被买家看中，当买家向卖家支付一沓现金时，卖家在数钱的时候，让茶杯犬舔湿手指头数钱。数完钱之后，卖家把茶杯犬交到了买家手中。此时，悲惨的音乐响起，将之前有趣的情节逆转为悲伤情节，真正地诠释了什么叫做"被人卖了还帮别人数钱"。整个短视频虽然比较短，却具有很强的故事性，再加上场景化内容体验，能够让用户完全沉浸在其中。

显然，这样的内容能够给用户带来极好的沉浸感，让用户感受到具体细节，为用户打造出身临其境的场景化体验，从而制造用户沉浸感，让用户在转发共享这场感官盛宴的同时，实现辐射范围的最大化，即最大限度圈粉。

2. 归属感

抖音平台本质上就是一个内容社区，在这里，每个抖音用户在观看不同抖音短视频之后，都能找到自己喜欢的内容，仿佛找到了失散已久的组织，重新获得归属感。

品牌商从垂直细分领域入手，将散落在各个角落的，对垂直细分内容感兴趣的人有效聚集起来。他们将自己原本无处安放的碎片化时间放在了抖音上。一方面，对于品牌商而言，实现了精准内容定位吸引精准用户的目的；另一方面，对于广大抖音用户而言，能收获强烈的归属感。而这种归属感却成为吸引粉丝的利器。

各地旅游景点的玻璃栈道让人们又爱又恨。在很多人拍摄抖音视频展现在玻璃栈道上的人物百态时，吸引了人们纷纷转发，甚至不远万里亲自去"打卡"，还把这种"打卡"当做一种必须完成的任务。正是"抖友"们的转发和"大咖"，将玻璃栈道捧成了网红景点。这种必须"打卡"的行为事实上已经说明用户已经成为网红景点的粉丝。

3. 零距离感

对于很多人来讲，那些高大上的全球高端奢侈品是心中永恒的梦。然而，这样高大上的品牌，其自身定位给大多数用户的感觉就好似一个云端的"神祇"，可望而不可及。用户对于这样的品牌往往会在内心产生很大的距离感，这样势必会造成用户的流失。

品牌可以一改往日严肃的画风，用更加幽默、诙谐的内容呈现给广大抖音用户，让人们可以重新认识品牌，了解品牌的理念和细节。这样就能更好地拉近品牌与用户之间的距离，消除双方之前存在的距离感，有助于为品牌"圈粉"。

如今，抖音营销已经成为诸多品牌吸粉的重要渠道。品牌商将品牌价值、理念融入具有娱乐化特点的抖音短视频内容中，能够很好地满足用户沉浸感、归属感、零距离感，通过打造"三感合一"的抖音内容为品牌圈粉无数。

技术驱动：抖音黑科技强化用户体验成吸粉利器

黑科技往往是让人们感到神奇的，也是人们所向往的。附有黑科技的东西，往往能激起人们的猎奇心，让人有一种莫名的喜爱。所以，品牌商在借助抖音吸粉的过程中，也应当充分考虑黑科技的应用。

品牌商可以在抖音上借助哪些黑科技为短视频内容服务呢？

1. 图像识别技术

如今，很多商家开始借助图像识别技术来为抖音内容的火爆而进行加持。不少抖音上出现"憨厚脸""甩狗头"这类特效内容，都是借助图像识别技术实现的。这样的内容能够给人新奇感，让广大抖音用户喜欢上短视

图5-8 "甩狗头"黑科技

频内容，进而为品牌沉淀流量（见图5-8）。

2. 实时染发特效

抖音内容拍摄的过程中，还可以借助滤镜和特效来增加画面效果。实时染发特效，也是在拍摄短视频过程中常用的黑科技。即在拍摄视频的时候，实时改变头发颜色，可以模拟现实生活中染发的效果。

3. 隐身特效

品牌商在拍摄抖音视频的时候，还可以借助抖音推出的一个隐身特效，让视频中的人物像隐身人一样完美地融入场景背景中。

总而言之，黑科技融入抖音短视频中，凭借其新奇性能为品牌商带来很多用户，并能形成很好的品牌效应。正是这种技术驱动的作用，使得抖音成为品牌沉淀粉丝的有效武器。如果能够结合自身品牌调性加以合理应用，将会给品牌商带来不菲的商业价值和利润。

评论驱动：将评论板块转化为社交区

抖音平台上还有一个特殊的功能，即"评论"功能。在这里经常有"抖友"发评论与短视频发起者进行更加深入的讨论。甚至有的评论能够对抖音短视频内容进行深入阐释。所以很多抖音用户认为"没有评论区的抖音是没有灵魂的"。

事实上，抖音的评论区具有社区属性，评论板块又可以看做是一个社交区，通过评论可以有效吸引用户。有的品牌商发布的抖音短视频竟然获得的评论数能达到100多万。所以，在评论驱动的作用下，可以为品牌有效聚粉，品牌商应当对抖音的评论区给予极大的关注。

1. 评论区能为品牌聚粉的原因

原因有两点：

（1）评论区形成独特的社区氛围

我们发现，如今绝大多数用户打开抖音的时候用一种十分有趣的方式，即边看视频，边看评论。从众多抖音评论中，不难发现，每一条评论都十分有意思，很有可能一个抖音短视频出彩的地方比较少，但在看完评论后，却会发现评论内容对抖音短视频内容进行了很好的诠释。这让其他用户豁然开朗，能够更好地了解抖音短视频。依靠评论区的评论互动，能使品牌商与粉丝的黏性增强。

除此以外，评论区本身具有社交属性，就像是微信、微博一样，不管品牌商与用户之间，还是用户与用户之间，都可以在评论区相互@。

显然，评论区仿佛是一个具备社交功能的社区，在这里，所有的用户都可以在这种独特的社交氛围下自由互动。

（2）评论区形成品牌引流的入口

在抖音评论区，用户之间不但可以相互@，还可以相互回复。这对于品牌商而言极为重要，使得用户在相互@和回复的过程中引来更多的流量。可以说，评论区是品牌引流的入口。

2. 抖音评论区聚粉的方法

既然抖音评论区已经成为一个用户交互的社交中心，那么品牌商应当如何充分利用这个社交中心为自身引流呢？

(1) 答疑解惑，快速聚粉

当品牌商发布的抖音内容吸引用户产生强烈兴趣的时候，用户对自己有疑问的地方就会到评论区发起提问。而短视频制作者以及其他知道答案的用户自然会知无不言，这样为品牌商瞬间"种草"就是这么简单。

做茶饮的"答案茶"，吸引了很多用户的青睐，有不少用户希望自己所在地能够找到同样的茶饮店，进行一次亲身体验。于是他就在评论区发起提问，随后很快短视频作者和其他人就送上答案。这无疑又一次为该店进行引流。

(2) 主动求评论

为了获得抖音用户的评论，为品牌聚集粉丝，很多品牌商会用一种主动求评论的方式来吸引人们参与互动、评论。

在标题处对一段短视频内容发起一个相关的提问。如"谁小时候玩过这个？""谁能告诉我这是哪一派的？"等。这些问题能吸引用户主动评论互动。

从这些评论区聚粉的方法就可以看出，抖音的确形成了属于自己的社区氛围，品牌商可以在评论驱动下，进一步提升用户黏性，为自身沉淀更多的粉丝。

第六章

运营推广：
从围观到记忆，打造品牌形象

抖音的火爆，吸引了各行各业的商家借助抖音实现商业变现。抖音的运营与推广，成为品牌广告投放的第一要素。对于广大品牌广告主来讲，抖音短视频最大的价值在于通过自然而然的品牌植入，使用户从围观到记忆，在用户脑海中留下良好的品牌形象，以实现品牌流量、品牌转化率的提升。

品牌植入：自然细腻，深入用户内心

乘着抖音火爆之势，很多大大小小的品牌商又十足地火了一把。无论是玩具店，还是冰激凌店、茶饮店，其火爆的背后，其实还是品牌植入的巧妙。

品牌商借助抖音开展营销活动，目的就是给自己的品牌做宣传，赢得流量和销量。在借助抖音开展营销活动的过程中，品牌植入方式如果不精心设计的话，产品的植入就会冒犯观众，进而疏远消费者。好的品牌植入，必定能让抖音用户纷纷转发，实现引流、变现的效果。

直接秀出产品

如果产品本身就是集创意于一身，并被赋予了新颖的实用功能，那么在抖音短视频中植入的时候，就开门见山，可以用最直接的方式展现产品的独到之处。

抖音里的一款能够自动升降的网红火锅神器，一键升降，就能自动煮好食物，并且食物是用隔板隔开的。这款网红火锅短视频在抖音上一出，就在广大抖音用户中形成热烈的话题讨论效应，引来大批"抖友"围观。

这种方法无论线下还是线上商家，都适合使用。但需要注意的是，既然产品有创意、能吸睛，给人神奇感，就一定要在品牌植入的过程中着重放大产品优势，让更多的人知道产品中蕴藏的这种优势，便于这种产品优势在用户中形成记忆。

宝马GT的突出特点就是空间大。为了让更多的人了解宝马GT的这一特点，在拍摄抖音短视频的过程中，将12个人直接"藏"在车里，这样一个人一个人从这辆宝马GT中陆陆续续走出来，让抖音用户为这样的超大空间而惊讶不已，同时还给用户留下了深刻的印象，记住了宝马GT空间大的特点。

显然，有特性的产品才适合这种直接秀出产品特别的方式，而且内容要尽量保持趣味性和即时性，让用户感受到真实和有趣，可以部分抵消掉硬广带给用户的不适感。否则，平平无奇的产品是很难引起用户围观的，甚至会让用户觉得这种枯燥的产品展示与电视上的产品导购广告如出一辙，反而会引起用户的反感，得不偿失。

润物细无声植入

在以往，品牌商投资广告费用，就能在电视上做广告，为品牌有效提升知名度，并能达到良好的变现效果。如今，随着传统广告给消费者在感官上带来的疲劳感，使得品牌商花钱做广告却不一定能达到理想的效果。

尤其是那些拥有上百年历史的传统品牌，本身已经在广大民众中形成了一种老牌印象，在产品方面没有太多的创意和创新；或者我们生活中经常用到的、广为人熟知的产品，这两类品牌上就需要借助抖音做宣传和推广，因为抖音平台本身就是代表年轻、新潮的自媒体平台，能够将老牌产品逐渐带到"年轻态"的道路上，能够让常见惯用的产品，展现不同寻常的使用技巧，这些都能给人耳目一新的感觉。但在做品牌植入的时候，非常不适合用"直接秀出产品"的方式，这样毫不新奇、毫无创意的品牌宣传，自然不会让品牌形象有任何改变，更会使宣传和推广受到一定的阻力。

基于这种情况，最好就是在抖音短视频中将品牌广告润物细无声地植入。这样，既能让抖音用户看到品牌活泼的一面，又不会给人强塞广告的感觉，能让品牌商获得很好的宣传效果。

以小米手机为例。小米手机发布了一条抖音短视频，其内容是教小米手机用户如何拍出大长腿的感觉。随着短视频的传播和转发，目前已经获得上万的点赞量。视频中虽然出现了小米手机，并且有十分清晰的品牌Logo，但仅仅是视频主题内容所需，且只有一闪而过的画面，没有停留很长时间。所以，这样并不会影响小米手机在抖音推荐入口获取流量的效果。

只要不是非常明显的曝光、露出，而是将品牌植入视频内容中，作为画面呈现中的一小部分，就能增加抖音整体宣传内容的完美度。

当然，在润物细无声地植入品牌时，一定要围绕用户的生活进行。因为，只有把广告真正植入到与用户息息相关的生活中，用户才能静下心来浏览抖音短视频内容，并在浏览过程中发现品牌产品，主动去了解品牌产品，并产生购买品牌产品的热情。

互动贴纸植入

创意贴纸是抖音中常见的一种玩法，品牌商借助抖音开展营销活动，这种创意互动贴纸是一种很好的营销手段。毕竟，好玩的、有趣的贴纸，以及各种可爱、卖萌的表情包，是广大抖音用户之间进行社交必不可少的互动工具。

互动贴纸是品牌、商家在进行品牌植入时常用的方法。必胜客之前在抖音上策划了一场以"DOU黑出，才能WOW"的主题活动，该活动邀请了知名音乐人宋秉洋作为挑战者制作魔音神曲《Black Magic》，并将此曲作为活动的主题曲，而且还为品牌定制了含有必胜客商标（LOGO）元素的创意贴纸。该活动吸引了众多"抖友"参与挑战互动，并进行视频录制，而这些互动贴纸在丰富视频内容的同时，也在潜移默化中为品牌做了很好的宣传。

互动贴纸在一些小细节中出现，不仅可以让视频变得更加有趣味，营造了一种活跃的社区活动氛围，而且还在"抖友"

中润物细无声地做了一次很好的品牌推广，增加了品牌的曝光量和知名度。

当前，抖音凭借其人脸识别技术、虚拟技术等，已经在互动贴纸方面能够做得更加完美。所以，品牌商可以在录制相关抖音视频的时候充分利用这些技术，加强与用户、粉丝的互动与交流。

使用互动贴纸的方式进行品牌植入的具体操作方法如下：

第一步：进入抖音页面，点击左上角的"随拍"，开始拍摄。

第二步：在页面跳转后的新页面中，出现一个拍照按钮，点击该按钮，拍一张照片。

第三步：在拍摄完成之后，屏幕上方会出现"贴纸"选项，点击"贴纸"。

第四步：在列表页面中选择要添加的贴纸特效。在特效选择的时候，要选择与品牌、产品相关的元素，如商标（LOGO）等。

完成以上四个步骤就完成了互动贴纸的创意制作。借助互动贴纸植入品牌，一定要注意，互动贴纸要有趣、可爱，这样才能一石激起千层浪，否则过于平凡、枯燥的互动贴纸，很难达到想要的品牌植入效果。

以产品为素材融入短视频

想要将广告特性最小化，又没有新奇的产品直接拿出来在抖音短视频中进行推广，那么将产品作为抖音短视频素材进行推广，也是一种十分不错的选择。

这种推广方式实际上就是将产品作为视频素材或者道具，非常天然地融入抖音短视频中。这样的融合，使得产品与抖音内容毫无违和感。当然，这种品牌推广方式能够得以实现的关键，就在于创意。通常策划人员需要很强的策划功底和创意能力，能将产品调性与视频调性进行完美融合，并且要融入到一定的产品应用场景中，才能在抖音用户毫无准备的情况下巧妙地将产品作为道具参与到视频中。虽然看上去是产品为整个视频的完整性做辅助工作，但实际上整个视频的发展都是为了烘托产品。

一个理发店拍摄一位女性顾客从理发前到理发后的蜕变过程，在整个过程中从洗发、造型、成型，每个环节都用简短的画面呈现。但在洗头发环节，将洗发水在这个过程中出镜的时间稍微拉长两三秒，包括倒洗发水到手掌心，放下洗发水，将洗发水随着手部动作一起特写，并且要有清晰的洗发水商标入镜。最后在造型成功之后，展现这位顾客的新发型的同时，在顾客撩动头发的时候，对头发的顺滑做一个特写镜头。从而让抖音用户在赞叹这位顾客造型后的魅力与气质的同时，还会不经意间对头发顺滑进行感慨，进而会在脑海中呈现之前短视频中出现的洗发水品牌。显然，洗发水作为一种道具放在视频中，保证了视频的完整性。而整个视频却是在为展示洗发水的功效、品质服务。

显然，这种将产品作为素材融入抖音短视频中的品牌植入方式，对品牌的推广非常有利。像之前火爆的海底捞隐藏菜单、星巴克的隐藏菜单等，都是独创了可以让用户好奇和觉得有趣的方式，让用户觉得有趣的同时，又让用户记住了品牌，产生购买欲。这些用户本身又可以成为传播者，类似于现在运营中常见的分销模式，达到病毒营销的效果。

具体来讲，这种以产品为素材融入短视频的品牌植入方法，在操作的时候应当注意这些：

1. 巧妙

这种植入方式，在策划的时候，一定要注重"巧妙"两个字。像上述洗发水的植入，就是重点突出，前后呼应，引发联想，最终达到推广的目的。否则如果在带入产品的时候画面呈现时间过短，很难让用户看清LOGO；如果在最后只展示造型结果，却少了顾客撩动头发的动作，用户关注的也只是造型前后的对比，难以联想到洗发水。这样就毫无品牌推广的意义和价值。

2. 慎重

在植入品牌的过程中，还需要策划人员慎重选题。要知道，只有让产品能够符合"快节奏""新奇"和"实用"的特点，才能带给用户强烈的真实感并提升品牌好感度。

这种"软广告"表面上不是直接宣传产品，却旁敲侧击地从最终的使用效果让用户主动倒推产品，达到推广的目的。这样的推广方式才是品牌"软"推广的最高境界。

品牌借助抖音营销技巧

抖音是当下最火爆的自媒体平台,也是最火爆的短视频App,吸引了品牌商加大在抖音上的投放力度,在抖音平台上开展营销活动。如今,抖音已经成为一个全新的流量池,企业竞争的新战场。

然而,借助抖音做营销,与以往的其他自媒体渠道有异曲同工之效,却需要不同的营销方法和技巧,才能使得品牌营销效果达到最佳状态。

寓营销于娱乐,娱乐中凸显品牌

尼尔·波兹曼在其所著的《娱乐至死》中写过这样一段话:"一切公众话语日渐以娱乐的方式出现,并成为一种文化精神。"的确,娱乐性话题是人们永远不会产生拒绝心理的一种重要元素。因为"娱乐"能给人们带来身心的愉悦、情感上的放松、压力上的舒缓,让人与人之间有话题可聊。

抖音可以说是一个集娱乐于一身的教科书级的范本。而品牌商借助抖音这种强"娱乐性"特点开展营销的方式,实际上就是寓营销于娱乐,在娱乐中凸显品牌,从而达到营销的目的。

那么品牌商应当如何将娱乐融入抖音营销中呢?

1. 品牌产品+娱乐,打造与众不同的营销内容

短视频的出现和进一步发展,为互联网从以往的图文形式向视频形式进行过渡提供了强有力的保障,使得互联网的基础设施得到了完善,并通过更加直观、生动的短视频形式将图文内容取而代之,占据抖音用户的碎片化时间。也正是因为这个,使得用户的内容消费习惯发生了改变,也为自媒体时代提供了一个全新的媒体渠道,让抖音成为年轻一代的专属平台。

品牌商为了迎合抖音本身所具有的娱乐化特征,在开展营销活动的时候,也应当将品牌内涵与娱乐并重,双管齐下融入抖音短视频中,从而借助与众不同的营销内容实现引流、变现。

一个宠物店,有一位工作人员正在给一只可爱的宠物猫洗澡后吹干,只见这只猫两只前爪牢牢抓住一根细杆,一副生无可恋般的表情,让人看后捧腹大笑。这样一只极具人类表情的萌猫,又有谁会不喜欢呢?自然会引起用户的购买欲望。

在这段抖音视频中,萌猫是宠物店中的"商品",宠物猫萌萌的表情作为娱乐化内容给人以欢愉感,这样的推广内容给用户带来一种好玩、有趣的感觉。

这种方法,正好与当前年轻一代人的娱乐化需求不谋而合。仅从抖音视频点赞数排行榜的数据就能看出年轻消费用户的消费特点:美好生活类占比40%,好玩类占32%,猎奇类和

技巧类分别占比23%和5%。崇尚生活方式娱乐化的年轻用户群体，自然会在那些原创抖音短视频内容中寻找兼具好看、好玩、有趣的优质内容。

2. 娱乐视频+购物，带来边玩边买新体验

抖音是集点赞、关注、分享、评论互动等于一体的社交化平台。抖音能恰如其分地通过用户的点赞、关注、分享、评论互动将用户转化为粉丝。在短视频页面加入商品链接页面，或者通过个人主页里的橱窗，可以让用户找到、买得到视频中出现的感兴趣的产品。这种抖音视频观看与购物相结合的方式，能满足消费者的娱乐需求，让消费者边看抖音短视频，边评论互动，边购买产品。这种"边玩边买"的新方式，能够在全方位展示商品的同时，还能让消费者获得更加愉悦且与众不同的购物体验。

总之，在抖音盛行的当下，抖音已经成为众多大小品牌和商家的主战场，它们借助抖音这个巨大流量池，高度"提纯"，通过创造出丰富的爆点短视频内容，引发抖音用户的转发甚至是二次制作。这种寓营销于娱乐，在娱乐中凸显品牌的病毒式营销方法，能够迅速辐射年轻群体，成为品牌借助抖音实现既定营销效果、快速开拓商业版图的加速器。

制造多元化内容普适场景

任何时候，不论是卖产品还是卖服务，如果不能让消费者与自己的产品联系起来，使用再多的营销手段，也是不会打动人心的。场景是一个将消费者和产品联系起来的很好的辅助工

具。将产品融入场景中，可以让消费者更好地感受到产品的优劣，才能达到理想的营销效果。

抖音平台作为一种具有社交属性的自媒体平台，在品牌商借助其开展营销活动时，通过内容发布、评论区互动以增加流量。但没有使用场景的产品推广内容是十分空洞的，且不会为品牌带来点赞、评论和转发，更不会为品牌带来任何流量和销量。然而打造抖音多元化普适场景，可以让产品在不同的场景中展示不同的品质、功能等特性，让产品与消费者的生活场景相关联，让消费者更好地认识产品。

一个卖茶具的商家，想方设法宣传自己的茶具安全无毒、品质好、外观精致、图案美。这样无意中会给消费者造成一种"老王卖瓜，自卖自夸"的印象。这样就很难产生理想的营销效果。

然而，如果站在消费者角度，将消费者的生活场景和茶具结合在一起，那样产生的营销效果就大不相同。比如拍摄一段客户与商人边喝茶边谈生意的场景，这样可以营造一个轻松愉悦的聊天氛围。在这样的氛围中，一套上档次、有品位的茶具，可以在谈生意之余，作为一个谈资。这时候，茶具显然已经与商务洽谈绑在了一起，有助于商人与客户成交。

再比如，一位年老的教师，正在给一群孩子讲中国的茶道文化，这时，在孩子的家长眼中，茶具和文化已经成为孩子接受教育的一部分。这就是多元化场景之一。

以上只是以茶具为例列举的多元化场景中的一部分，还有无数场景可以进行抖音短视频拍摄。

以往单一的抖音短视频场景已经不再能满足用户的视觉需求，长此以往就会给用户带来严重的视觉疲劳和枯燥感。将抖音运营场景进行创新，把产品和品牌嵌入具体的抖音短视频场景当中，变革产品、品牌营销模式，让多个不同场景进行自由切换，为用户提供更加贴合的场景需求，这样才能给用户带来新鲜感。这种与众不同的抖音短视频场景，可以有效激发用户的观看意愿和情绪，为其带来更加极致的视觉冲击体验。

当前，抖音与品牌营销相结合，使得产品、品牌营销模式发生了翻天覆地的变革。在顺应不断提升用户消费需求的同时，各行业也开始在切入抖音平台的过程中寻找更多的消费场景，使内容到消费的路径更加顺畅，从而创造出新的流量入口。通过抖音拍摄场景的变化来刺激用户冲动消费，实现最大程度的变现。这是品牌借助抖音运营的一种新突破，也是利用多元化场景思维推动抖音营销进化的一种体现。

小米有一款红米Redmi新系列手机，在小米手机内部被称为"小金刚"，为了测试这款手机的品质是否真的能配得上"小金刚"的称号，拍摄了以下几种抖音场景进行测试：

场景一：在室内，进行踩踏测试。将手机放在地板上，由七位看上去十分强壮的男士每个人都从这款手机上踩踏走过，甚至有人踩上去还狠狠地蹉了几下，有人直接跳起来用力在手机上跺脚，结果手机依然"杠杠的"。

场景二：在室内，高跟鞋踩踏测试。有一位女士在商场穿着高跟鞋，用受力点不同的高跟鞋踩上去，手机屏幕依然完好如初。

场景三：在室外，碾压测试。将手机放在马路上，有一辆玩具小车从"小金刚"身上碾过，然而手机依然完好无损。

场景四：在室内，类似实验室的场景中，进行防水测试。将"小金刚"放在模拟下雨的装置中，经过一段时间的淋水之后，这款"小金刚"依然"品质杠杠的"。

以上这些仅仅是小米手机"小金刚"品质测试多元化场景中选取的几个场景，无论是何种场景，都是尽可能地为消费者证明这款手机"品质杠杠的"。

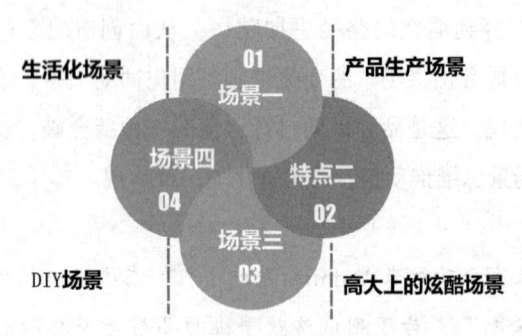

那么，如何打造多元化内容普适场景呢（见图6-1）？

图6-1 多元化内容普适场景类型

1. 生活化场景

如今，消费者在购买产品的时候，已经将关注的重点从产品层面转移到购物体验层面。在这样的大环境下，将产品投放到生活化的场景中，是一种全新的营销方法。毕竟，无论哪种产品的使用，都是在一个特定的日常生活环境和氛围中进行的。这样，借助生活化场景打造的抖音短视频，就能够使广大抖音用户，更好地转化为潜在目标人群，或者直接转化成品牌商的消费者。

要想实现这一点，就需要品牌商能够精准把握当下的用户诉求，以及用户群体的喜好，据此制定精准的营销策略。这种方法可以将过去对用户单一的信息灌输，转为通过满足用户需求，使用户主动参与并认可品牌价值。

很多时候，消费者买商品之前，都希望能通过已经购买过的消费者的使用评价，来判断产品是否能满足自己的使用需求。"夏彤百货店"就抓住了用户的这种心理，选择生活化场景拍摄抖音视频：在路边摆摊推销自己的产品——椰壳抹布，并现场摆放很多厨房用品，展示这款抹布的神奇之处，无论是生活中遇到的油渍、酱油渍，还是难以除掉的其他油渍，用这款抹布擦完之后用自来水冲洗就能干干净净。现场吸引了众多路人上来围观、参与，毕竟大家都说好的产品才是真的好。路边摆摊，现场拍摄，就是一个非常好的生活化场景营销方法，通过现场路人围观、参与和见证，可以让抖音用户仿佛身临其境，能够真正感受并认可产品的功用和价值。

2. 产品生产场景

当前产品日趋同质化，再加上生产过剩大于需求，而且消费者越来越注重身体健康，在购买商品时，对产品的安全性更加关注。在这样的大背景下，品牌商的生存和竞争面临着巨大的挑战。品牌商如何才能吸引客户，让客户更好地了解产品，使用户既能对产品品质放心，又能对产品的安全性消除疑虑，这才是开展营销活动的主要目的。

产品生产场景，能够高度还原产品生产过程，消费者可以从中了解到每个环节的生产细节，对产品买得放心、用得舒心。显然，这就为消费者提供了一个充足的购买产品的理由。所以，品牌商应当从产品生产场景入手，拍摄有关产品生产的过程，让广大抖音用户从产品生产的细节了解产品、认识产品的真实、可靠性，并且能让消费者从内心对产品的生产者产生一种崇拜的心理，进而促进销售。

很多餐饮行业、食品行业、化妆品行业，都会使用这种方式，让消费者看到师傅的传统手工艺制作过程，一边吸粉，一边为品牌打造良好的形象，实现拍摄录制场景的转化。

3. 高大上的炫酷场景

抖音上有很多特效和黑科技，品牌商在录制短视频时，可以充分利用这些特效和黑科技，再加上一些酷炫的元素，打造出新奇的产品宣传场景，给消费者带来新鲜感。

"寺库奢侈品"就是一个典型的打造高大上酷炫场景开展营销活动的案例。"寺库奢侈品"使用抖音魔性互动贴纸，先让关键意见领袖进行推广，他们拍摄出来的高大上的视频引来了很多抖音用户的自发转发和模仿，最后吸引了超过15万人参与模仿。

4. DIY场景

DIY场景，通常是抖音用户自发创造的场景。

这里还以海底捞、星巴克的隐藏菜单，以及COCO奶茶的新配方为例。它们策划出来的隐藏菜单、新配方，往往不一定是十分美味的，但因为其新鲜、好玩、有趣的特点，吸引很多"抖友"争相模仿和跟风。

如今，各行业营销都切入抖音平台，希望能够在该领域分得一杯羹。如果一味地守着老套路，等秀散了，场景这块变现"宝地"也就成了镜中花、水中月了。要知道，抖音运营可以利用的场景变现的资源有很多，只要善于深挖，找到更加适合自身特质的、更多的抖音拍摄场景，让消费者从不同的场景更多地感受到品牌、产品的有趣性，进而将隐藏的宝贵流量充分利用起来，实现抖音营销的快速变现。

人格化内容+品牌道具开展营销活动

抖音作为一个娱乐化短视频平台，在内容方面，并不是要有知识和严肃的内容，而是要具有娱乐性的内容。而这种娱乐性的内容可以通过品牌"人格化内容+品牌道具"实现。这种品牌推广方式，不但让品牌栩栩如生地在抖音短视频中呈现，而且让用户因为人格化的内容而把品牌牢记脑海。

以"飞狗MOCO"为例。"飞狗MOCO"就是将品牌内容进行人格化，并且通过一只动画小柯基狗的形象作为品牌道具，开展营销活动。通过依靠小柯基狗的动画形象，再加上有趣的内容和文案，配上小柯基可爱的表情、动作，以及非常适宜的背景音乐，将整个抖音短视频完美地呈现在用户面前，让广大用户喜欢上这只调皮可爱的小柯基，进而达到营销的目的。

具体来讲，在抖音上借助"人格化内容+品牌道具"模式开展营销活动，应当注意：

1. 人格化内容具有趣味性

既然是打造人格化内容，要走人格化路线，就应当让抖音内容充满趣味性。因为人格化内容往往更具人性，能与人性相通，有趣的人格化内容更容易使抖音用户产生情感共鸣。

2. 内容要欢快、有节奏感

欢快、有节奏感的内容容易让人精神为之亢奋，让人的思绪在不知不觉中跟着抖音内容的节奏不断向前推移，在围观的过程中，用户的思绪已经完全沉浸到内容当中。

图6-2 飞狗MOCO的"傲慢走"和"猥琐笑"

"飞狗MOCO"的抖音短视频中，那只名叫"MOCO"的柯基，无论是表情还是动作都十分带感，"猥琐笑""傲慢走""摇摆走"都能在欢快的节奏中玩出新花样,让人开怀一笑的同时,不禁为这样的柯基而"拜服"(见图6-2)。

3. 品牌道具要贴合品牌特点

作为品牌道具,要想撑起整个抖音短视频内容,就必须具备呆萌可爱的形象,萌到人见人爱、花见花开,自然能为品牌带来广泛的关注和点赞。当然,除了呆萌之外,最重要的是要与品牌特点相贴合,这样才能达到更好的营销效果。

用好剧本,构造连续性的内容营销

著名营销大师菲利普·科特勒认为:"讲述一个与品牌理念相契合的故事,可以很好地吸引目标消费者,在消费者感受故事情节的过程中,潜移默化地完成品牌信息在消费者心智中的植入。"

菲利普·科特勒的这句话告诉我们:用讲故事的方式可以很好地"骗取"消费者的好感,从而让消费者记住和认同品牌,成为品牌的忠实客户。而一个好的品牌故事,需要一个有生命力的好剧本,这样才能通过故事的情感输出感染消费者,让消费者成为爆款的忠实客户。

品牌进行抖音营销,其拍摄短视频就像是在一个特定的场景中上演一个排练好的剧本,通过剧本向广大用户讲述自己的品牌故事。然而,要想让抖音短视频能够为品牌持续引来流量和销量,关键还需要这个剧本的内容具有连续性。这就好比是一部具备超级IP的电视剧,如果只播放短短的几集,虽然前期吸引了不少粉丝，但几集播放之后，就毫无下文，原有的粉丝也会逐渐在一片寂静中渐渐隐退。可见，不论任何品牌，无论剧本能否惊艳四座，关键要有连贯性内容去支撑，让故事富有持久的生命力，更使得品牌形象逐渐趋于丰满化、立体化，而且可以更高层次地使品牌精神成为一种象征和标志，这又有效提升了品牌附加价值。

那么品牌在抖音营销如何制造连贯性剧本内容呢？

1. 剧本的故事情节要有冲突性

故事情节就像过山车一样有高潮、有低谷，有惊心动魄的冲突和对打，这样的剧情才能更加引人入胜，让人迫不及待地希望看到后面精彩纷呈的故事内容。同样，平淡无奇的抖音内容会让人乏味，没有继续看下去的欲望。因为抖音用户往往需要的是具有刺激感和冲突感的视频内容，那些记流水账的抖音短视频并不能勾起他们的热情，更无法让他们产生持续的关注动力。

而好的剧本，其品牌故事情节必然是起伏跌宕，冲突不断的，这样才能在抖音用户的大脑中留下深刻的印象，让抖音用户在有同种产品需求的时候，第一个就会想起你的产品。

2. 剧本要能够营造用户体验的情感故事

在当下，产品的功能和质量已经不再是这个时代消费者关注的重点，他们更加注重的是产品能够为其带来什么样的体验。所以，品牌借助抖音无论开展何种形式的营销活动，都应当围绕"体验为王"进行。一个好的剧本，能够在抖音短视频中讲述一个情感故事，很好地营造一种消费者体验的氛围。

3. 要有与时俱进、不断更新的剧本

如今是互联网高速发展的时代，"唯快不破"是这个时代最重要的特征。如果一味以"龟速"前行，不能跟上时代的步伐，那么终将面对的是来自市场的淘汰和消费者的"丢弃"。所以，品牌借助抖音进行内容营销，抖音短视频内容应当拥有一个与时俱进、不断更新的剧本。

提升有效互动率，激发用户自我参与

如今，抖音正处在风口浪尖，成为各个品牌和商家争夺"封地"的热点领域。然而，随之而来的困扰品牌和商家的问题是：品牌和商家到底如何衡量其在抖音平台上是否取得良好的广告效果？答案就是"有效互动率"。有互动、有参与感的内容，才能真正激发用户自我参与的积极性，为品牌商带来深度传播。

那么什么是"有效互动率"呢？"有效互动率"该如何计算呢？

对于抖音短视频而言，广告效果如何，通常是从互动、点击和播放三个方面进行评估。其中互动是最为突出的一点，互动率指标，则是品牌借助抖音获得营销效果的最有参考价值的数据。所以，品牌商借助"有效互动率"指标，将互动数据整合在一起，形成一个专业评估指标系统，这样可以帮助品牌商获得更好的投放效果。

有效互动率=有过广告互动行为的独立访客÷广告曝光独立访客。

"有过广告互动行为"中的"行为"包括点赞、评论、转发、关注、进入主页、查看相关音乐、点击话题等行为。可以说,"有效互动率"越高,则证明抖音内容用户的活跃度越高、黏性越高、互动越有深度。

据相关数据显示,互动率超过10%的内容题材中,游戏创意类内容题材占11%,美食类内容题材占10%,创意类内容题材占16%,情景反转剧类内容题材占21%,音乐创意类内容题材占37%。

那么品牌如何提升"有效互动率"呢?

1. 内容素材跟着热点走

抖音的搜索框下有一个"热搜内容",这里都是官方推荐的内容,显然这些内容一定是官方花精力着重运营的内容,因此这些内容被放在了"热搜内容"中最显眼的地方。

再继续下滑后就会看到相关内容的参与度,在这里官方给出了详细的玩法解释,甚至有的还给出了专门的示范。如果品牌商恰好没有找到更加合适的内容去做,可以加入到官方的挑战,这样也是非常不错的选择。有了官方内容的引导,可以使抖音内容优先被筛选和推荐。而这些抱官方大腿的抖音内容,往往是能吸引用户积极参与评论的内容,是用户喜欢模仿互动的内容。

2. 加入舞蹈或段子

舞蹈和段子都是人们喜闻乐见的内容,而且不分年龄、不分性别,人人都会喜欢观看,而且在观看之余,对这类内容产生评论和互动模仿的欲望。这样能更好地提升用户的互动率。

3. 使用特效功能和剧情翻转

（1）特效功能

在抖音中，除了尬舞机、AR贴纸、控雨、合拍等功能之外，又上线了"抢镜"功能，用户可以通过此功能与自己喜欢的抖音内容以及创作者进行互动。

以最新上线的"抢镜"功能为例。"抢镜"功能的具体玩法是：当抖音用户看到自己喜欢的内容时，可以点击分享按钮，之后找到"抢镜"图标。当进入"抢镜"页面之后，会在原视频上出现一个悬浮的小窗口，用户可以借助这个窗口录制自己想要表达的内容进行"抢镜"。

显然，使用尬舞机、控雨、合拍、"抢镜"等功能，能够更好地鼓励用户主动互动，并激发用户用这种互动方式表达自我态度的意愿。这与以往用户只能用点赞、评论等方式表达自我态度大不相同，打破了以往内容视频化的模式，而是在此基础上实现了内容反馈的视频化。通过这些特效功能，能消除品牌与消费者之间的距离感，有效增强互动性。

（2）剧情反转

抖音里的正常内容和正常音乐往往并不会产生良好的传播速度，而一些画风突变的内容和音乐往往是很多人所喜欢的，能吊足用户的胃口。因此，使用反转内容和反转音乐，不但可以为抖音短视频增加戏剧效果，而且可以增加人们的喜爱度，提升人们的互动、模仿热情。

以下汇总了抖音画风突变的背景音乐：

1. Alibl——Krewella
2. Time Bomb——Jo Cohen
3. Moshi Moshi——Poppy
4. FC 马戏团
5. One two one
6. 海草舞
7. Sex Bomb
8. Big Enough
9. Dotto
10. I really really really really
11. I know you were giao
12. 我是谁
13. Where are you now
14. So please don't 啊啊啊
15. Me too（意想不到版）
16. Stop！
17. Bany oh
18. Havana（电脑卡机版2）
19. One on one（damien n）
20. Boom（original mix）
21. Lip&hip（意想不到版）
22. 是你爸爸
23. 赛马的正确打开方式
24. 让我们一起摇摆

25. Despachicken part2

26. 真实意想不到的转变

27. 手机没电之后……

28. 听着熟悉的前奏就知道

29. I knew you were cry?

30. Scream aooo

31. 多么痛的领悟

32. Uptown funk（电脑卡机版）

33. Summer will be soon

34. About

总之，对于品牌商而言，无论打造何种类型的抖音短视频，都应当围绕"有效互动率"进行策略性、针对性布局，甚至与抖音官方共创，这样能够提升广告投放的沉浸度和互动率，提升品牌营销的创造力和爆发力。

内容与用户画像高度匹配

品牌商借助抖音平台开展营销活动，可以通过点赞、评论、分享、用户自拍互动等方式体现营销效果。但是，能够激发用户进行点赞、评论、分享、自拍互动，最基础的还在于内容。只有打造与用户画像高度匹配的内容，才能达到理想的营销效果，不断提高留存率，增强用户黏性，让抖音内容最大限度地产生营销价值。

那么什么是用户画像呢？用户画像就是根据用户的属性、

偏好、生活习惯、用户行为等信息用抽象的方式为用户打造标签化模型。简单来讲，就是给用户贴上标签，通过标签来对用户信息进行提炼，从而将用户进行分类。通过用户画像，可以对用户进行高度概括，更加容易描述用户特征，进而为用户提供更加契合其喜好的抖音短视频内容，更好地引导用户转化为消费者，实现营销目的。

抖音用户画像可以描绘为：抖音上绝大多数用户是年轻人，其中男女比例是4∶6，他们中60%分布在一二线城市，并且有往三四线城市下沉的趋势。年龄集中在18~24岁之间，他们大多数为高中、本科学生，是追逐时尚、为新潮而狂热的新生力大军。他们没有步入社会，对世界保持着好奇心，容易跟风，他们爱美、渴望得到关注，更喜欢用与众不同的方式来表达自己的个性化性格特征。他们在抖音平台上的日均点击次数达到了20次，平均使用时长超过了55分钟，使用抖音的高峰期是每天中午12∶00，以及晚上18∶00~23∶00之间。

与此同时，相关数据显示，音乐、反转剧情、美食、段子、创意内容等植入方式相比于单纯的广告，能有效提升53.7%的播放率；平均单次播放时长占比提升了45.6%；完播率提升了139.2%；转发率提升了10.7倍；评论率提升了23.9倍。因此，生活化、娱乐化内容更加符合用户的口味和偏好。

1. 用户画像的作用

用户画像可以帮助品牌商实现以下几个方面：

（1）实现精准营销

品牌商开展营销活动，重在推广产品和品牌，其核心就是有效激活客户量，将其转化为增长用户，减少用户流失比例。因此，品牌商可以根据抖音用户的历史观看行为，挖掘用户真正喜欢的内容，为用户打造出融入产品和品牌宣传的更加适合其喜好的抖音短视频内容，实现精准营销。

（2）提高用户活跃度

可以根据用户观看历史等行为特征对用户进行分类，统计不同特征下用户数量、分布，并分析不同用户画像群体的分布特征。

（3）完善产品、品牌运营

对用户进行画像，可以分析用户的喜好，进而洞悉用户观看抖音短视频的心理动机和行为习惯，挖掘不同人群对产品的喜好和潜在需求，以及对品牌的认知程度，从而知道如何进行产品运营和产品设计，进一步完善产品和品牌运营。

2. 用户画像提升运营效果的方法

如今是互联网时代，抖音用户数量的剧增，使得其产生的数据量也大幅增多，这些数据对品牌商的发展都是极有研究价值的。品牌商应当合理利用这些数据，通过收集大量用户数据、竞争者数据，更好地为用户打造出个性化定制抖音内容，获得更多抖音用户的青睐，以达到提升品牌商营业额的目的。

具体来讲，品牌商借助抖音为用户画像，实现理想运营效果的方法如下：

（1）利用数据进行深入调查，掌握用户喜好和需求

随着信息技术的不断发展，人们采集数据的方式方法越来

越多，能够积累的数据量也越来越多。因此，品牌商要根据所采集的海量抖音用户数据进行深入分析，挖掘用户行为、用户喜好、用户观看习惯，进一步洞悉用户需求，从而为用户进行画像。通过这些抖音用户数据信息，品牌商可以制定出适合不同抖音用户、不同观看时间等不同情况的抖音短视频内容。另外，借助收集而来的用户数据可以将用户进行细分，把用户归置到同一类群中。对这些基于共同需要和想法的类群，可以有针对性地制定一个共同的解决方案来展开行动，将差异化产品融入抖音短视频中，实现精准引流和精细化营销。

（2）深入分析数据信息，了解竞争者

品牌商借助抖音平台做产品营销，还少不了对产品竞争者的了解。基于大数据具有预测能力的特点，通过对数据的深入分析，得知竞争者在抖音平台上的核心竞争力，从而去其糟粕取其精华，通过扬长避短的方式让自身的抖音短视频营销更加趋向完美。

（3）根据数据指南，制定产品定位和营销决策，实现精准营销

营销决策是市场营销中的核心，制定营销决策必须建立在市场调查和市场预测基础之上。市场调查和市场预测就必须依靠数据分析来完成，不仅需要品牌商内部数据，还需要大量的外部数据，包括用户喜好、用户观看习惯等。目前大数据蓬勃发展，数据分析的应用十分普遍，品牌商可以利用数据指南分析制定基于抖音平台用户数据的、更加适合自身发展的营销决策，做到精准营销，提高自身效益。

总之，品牌商借助抖音平台开展营销活动，为用户画像可

以帮助品牌商更好地分析用户喜好和习惯，进而打造与用户画像高度匹配的短视频内容，从而实现精细化营销，更有助于品牌商的市场不断扩张。

满足客户的情感需求

品牌商借助抖音开展营销活动，内容是核心，认真做内容是所有品牌商成功达到营销目标的秘密所在。

很多品牌商虽然也在十分"认真"地打造抖音短视频内容，但往往内容自说自话，为了娱乐而娱乐，在博得抖音用户一笑之后，却全然不关心和关注用户的核心需求是什么。当你不去真正关心和挖掘用户需求的时候，用户自然也会对你的抖音内容如匆匆过客一般，不会有任何转发、评论和互动。所以，能够真正站在用户的立场上，想用户所想，及用户所及，才能真正深入用户的心，让用户的情感需求得到真正的满足（见图6-3）。

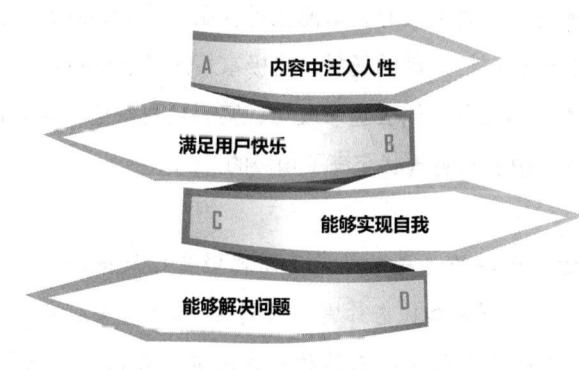

A 内容中注入人性
B 满足用户快乐
C 能够实现自我
D 能够解决问题

图6-3 满足客户情感需求的方法

1. 内容中注入人性

"人性"是一个永恒的话题。在抖音内容中注入人性，可以让整个短视频得到更好的升华，让更多的用户为这样的内容所动容，在满足其情感需求的同时，也对品牌产生好感，留下深刻的印象。对于品牌商而言，人性化内容为自身在广大用户心中树立了良好的形象。

2. 满足用户快乐

快乐是没有谁会拒绝的。充满快乐的内容，正是广大抖音用户所希望看到的。通过这样的内容可以打发碎片化时间，得到身心的放松和愉悦，自然能够吸引更多人的关注，并激起他们转发的兴趣和积极性，这对于品牌商提升知名度能起到十分重要的作用。

3. 能够实现自我

能够满足用户情感需求的内容，还包括"心灵鸡汤"类内容。

"心灵鸡汤"本身就带有很强的情感色彩，或是情节打动人心，或是文案直击人心，都能让抖音用户的情感跌宕起伏。这类内容通过鲜活生动的场景，将极富情感色彩的内容展现在大众面前，刺激着人们去追求成功、实现自我价值，同时也让更多的人对改变自身现状充满了积极的斗志。

抖音中出现的《成功就是不断地逼自己发挥潜能》《马云：让自己变得更加优秀你需要做到这5点》《马化腾：做到这7点你永远不迷茫》《王健林：你没成功是因为你没做这5点》等。

这些积极性的内容，十分具有说服力，被很多人奉为金科玉律。这样的心灵鸡汤，不但借助了名人的权威效应，更重要的是能提高个人对自身的控制感。就好像是吃饭喝水一样，是人类最基本的需求，能够提高个人的控制感，可以让人们对自己的生活充满积极向上的态度。

4. 能够解决问题

生活中出现各种各样的难题是常有的事情，然而很多难题却阻碍了我们完成某项任务。显然，我们在此时最需要的就是能够获得解决问题的方法。

品牌商可以打造能够解决人们生活中某项问题的内容，这样就能更好地吸引人们的关注。

电脑Excel使用技巧、Photoshop使用技巧、家庭变废为宝技巧等，这些内容可以帮助人们解决使用Excel、Photoshop时候遇到的困难，化解家庭废物垃圾引发的处理难题，通过满足其生活上的需求而吸引人们的关注。

总而言之，品牌抖音营销的关键，就在于吸引用户的关注，有关注才有流量，有流量才有销量。这是一条亘古不变的铁律。只有打造从用户心灵深处满足其情感需求的内容，为用户带来丰厚的精神粮食，才能让用户在"吃下"之后仿佛获得"重生般的力量"，让其对品牌商打造的内容"上瘾"。这是品牌商实现理想营销效果的重要一步。

第七章

流量变现：
抖音运营变现才是硬道理

品牌商与抖音平台合作，无论用何种运营模式，采用何种营销方式，其最终目的都是实现流量变现。因为，只有变现才能带动商业的车轮继续前行，没有变现就没有资金流，这样的企业是毫无发展前景可言的。可以说，只有变现才是硬道理。

视频+购物车变现

各品牌的涌入,使得越来越多的行业都聚焦在抖音平台上,大家所关心的除了如何在抖音上获得点赞和涨粉,最关注的一个问题就是:如何通过抖音实现流量变现。

只有掌握品牌抖音流量变现模式,并加以运用,才能达到理想的变现效果。

品牌借助抖音变现的渠道有很多种,其中一种就是"抖音短视频+购物车"模式(见图7-1)。

图7-1 抖音购物车动能

用户在刷抖音的过程中，会很容易发现一个购物车标志的黄色按钮。尤其是抖音中具有很强目的性的短视频，经常会有这样的购物车功能。品牌商开通购物车功能之后，运营团队发布的每一个视频，都会带有这样的购物车标志，可以很好地引导抖音用户进入产品详情页面和商品橱窗添加自己喜欢的商品，并进一步产生购买行为，实现流量变现。

显然，这种方式简单、直接，抖音用户如果有这方面的产品需求，可以直接点击购买，无需到其他网站搜索相关产品，这为用户节省了不少搜索时间，带来了极大的便利。

对于品牌商而言，能够趁热打铁，在用户对产品感兴趣的时候，加速推进其购买行为，达到即看即买的目的。

开通购物车的方法通常有以下两种：系统邀请开通型、自主申请开通型。

系统邀请开通型

当粉丝数量达到一万左右的时候，抖音系统会自动邀请开通购物车功能。当收到系统的邀请之后，就可以按照相应的要求填写资料，并提交。抖音官方会以最快的速度对提交的资料进行审核。

在最初抖音购物车进行内测的时候，系统要求只有粉丝达到百万级别的达人或者是粉丝数量达到50万的用户才可以获得购物车开通资格。如今，开通购物车的条件已经有所放宽，只要粉丝数量达到1万，就可以申请。除此以外，还有其他方面的入驻标准限制。以下是抖音购物车入驻标准：

■抖音账号：粉丝数不得低于1万

■店铺：不低于行业平均值、店铺等级大于1钻

■商品：店铺宝贝在10款以上

价格不能高于30天最低价

店铺近30天销量50单以上

商品必须设置淘宝客，佣金自定

■购物车使用频率：15天内至少需要使用1次购物车

■发布内容频率：每周至少发布3条垂直内容

■相关性：视频内容要与购物车中所添加的商品相关

■广告：一个达人账号对应一家店铺，不接受购物车广告行为

自主申请开通型

如果没有收到抖音系统的开通邀请，可以自己主动去申请购物车功能。这个自主申请功能通常是被隐藏的，需要进行多步操作之后才能找到它。

第一步，点击个人页面右上角的"…"，找到"反馈与帮助"按钮。

第二步：点击"反馈与帮助"按钮，找到"其他问题/申请商品分享权限"选项。

第三步：选择"其他问题/申请商品分享权限"选项，进入页面后，点击"商品分享/购买"。

第四步：页面跳转后，点击"如何开通商品分享功能"。

第五步：点击"如何开通商品分享功能"答案中的"更

多"两个字。

第六步：当页面再次跳转后，出现"入驻申请"，此时可以根据申请表的要求填写相关内容。

第七步：填写完毕后，提交申请，等待审核。

第八步：当审核通过后，点击阅读协议中的"同意"按钮后，绑定淘宝客，就可以成功开通了。

需要注意的是，系统邀请和自主申请两种方式所需要填写的资料基本是相同的，填写完毕后提交申请就可以等待系统审核了，只要审核通过，就可以开通抖音橱窗权限了。但是，很多时候，抖音是统一时间批量发放邀请函给部分用户的，所以很多用户即使满足了开通购物车功能条件，也没有收到邀请函。

抖音开直播变现

品牌商借助抖音平台实现变现,除了开通购物车功能之外,还可以利用抖音开直播的方式实现商业变现。

抖音也具备直播功能,这一功能就与传统的直播平台一样,具有了相同的变现模式。基于这一功能,品牌商可以更好地与用户交流,介绍产品,进行近距离互动。这样对产品感兴趣的用户会主动咨询在哪里可以购买到产品,然后在直播的过程中不断销售产品,实现流量快速变现。

通常,抖音页面的左上方有个直播的小图标,点击进入后就能看到正在直播的一些主播正在向广大"抖友"推荐相关产品。

通常开通抖音直播的方式有三种:历史遗留型、抖音系统邀请型、自主申请型。

历史遗留型

在早期,抖音是开放过直播的,并且直播门槛较低,只要有原创视频,并且具备一定的粉丝基础,就可以开通。因此,现在很多做抖音直播的人,都是早期已经开通了直播权限的用户。

抖音系统邀请型

抖音系统同样会对一定的用户发出直播开通邀请函。

1. 获得抖音开播权限的标准

通常，这些具有被邀请资格的抖音用户需要具备以下条件：

■拥有5万以上粉丝，视频均赞超过100且多数为使用抖音拍摄

■技术流以及发布优质多元化内容达人

■积极参与抖音产品内测的体验师

只要具备以上三条中的任意一条标准，就可以发起申请。通过官方评审后，将有限获得开播权限。

2. 申请开播权限的方法

如果符合开播标准，那么可以发送申请邮件到抖音邮箱（feedback@amemv.com）即可申请开播权限。

邮件标题格式为：抖音直播申请+抖音昵称

邮件内容为：抖音昵称+抖音ID+抖音个人主页截图+抖音作品链接+本人身份证照片

3. 与抖音签署直播合约的方法

如果已经获得了开播权限，并想要和抖音签署直播合约，就需要将合约以邮件的形式发送到抖音邮箱（feedback@amemv.com）。

邮件标题格式为：抖音直播合约申请+抖音昵称

邮件内容为：抖音昵称+抖音ID+本人微信号

自主申请型

当前，抖音已经开放了直播申请通道，但是入驻门槛比较高，只要能满足以上"抖音系统邀请型"抖音开播权限的标准，并按照相同的操作方法进行申请即可。重要的是，对抖音用户提出了基础粉丝5万的要求，这对于很多想要申请的用户来讲，都无异于一道难跨的门槛。

这里同样需要注意的是，系统邀请型和自主申请型两种方式，在获得抖音开播权限的标准、申请开播权限的方法、与抖音签署直播合约的方法这三个方面基本上是相同的。但也有很多人并没有达到5万的粉丝量就已经开通了直播，这类人往往属于历史遗留型和抖音系统邀请型用户，他们往往能够享有这样的特权。

第八章

案例解析：
领略和剖析抖音品牌营销的智慧

抖音时代的到来，加速了品牌运营和营销计划的实施，进而为品牌商带来黄金盈利时代。在当前抖音火爆之际，谁能够拥抱抖音，掌握抖音运营、营销技巧，谁就能快速开启创新盈利的大门，谁就能成为走在行业前列的引领者。

小郎酒：发起的短视频挑战，获年轻人追捧

创新是任何时代品牌玩转营销永不退色的法宝。一直以来强调品质为标杆的小郎酒也开始在现有的营销渠道、营销手段基础上开始寻找新的出路。

2018年5月，小郎酒抓住了时下火爆的抖音平台，发起了"小郎哥达人秀"短视频挑战活动，并以"技高话不多"为主题，联合了多位民间手艺人和抖音达人，拍摄的创意短视频受到了众多"抖友"的关注。短视频仅上线一周的时间，就吸引了超过7.4万抖音用户的参与。

小郎酒抖音官方页给出的内容显示，小郎酒入驻抖音做的第一件事就是发起"技高话不多"挑战活动。邀请木板年画大师郭全生、侯马皮影传承人赵翠莲等多位民间手艺人，以及特效、极限运动等方面的抖音达人拍摄创意视频内容，制造了一波不小的"炫技"风潮，吸引了一个个普通抖音用户用自己的挑战视频阐释着"有真本事却话不多"的个性。这也正是小郎酒所要表达的初衷。

这场挑战赛吸引了将近8万人参加，视频播放量达到了1.5亿，点赞量超过了380万次，评论量接近20万。另外，专属贴纸

使用人数达到了2.2万人，收到了1.7万篇原创内容。可见，小郎酒打造的这场挑战赛，其影响力和号召力不容小觑。

在小郎酒的带领下，多家白酒企业开始向抖音平台靠拢，凭借与抖音平台的合作，使得白酒行业在抖音上形成一股热潮。这使得白酒行业纷纷进入以策划人们挑战形式吸引海量用户实现品牌爆炸式传播的营销阶段。

显然，小郎酒已经成为白酒行业中成功迈向抖音营销的试水者，已经在抖音短视频营销的军备赛中率先成功走在了最前列。

小郎酒领跑酒业年轻化

小郎酒是凭借什么赢得广大年轻的抖音用户积极参与挑战赛的呢？

事实上，小郎酒借用一首《离人愁》作为挑战赛的背景音乐，出乎意料地为品牌带来了年轻态主力军参与其中。

通常，在人们心中，"白酒"和"年轻"是两个来自不同世界的元素，小郎酒借助抖音平台吸引年轻的抖音用户参与挑战互动，无异于在冒险，成功实现抖音营销的胜算少之又少。然而，小郎酒却剑走偏锋，用能够引发用户共鸣的内容，打破了"次元壁"，彻底与年轻人玩在了一起。

小郎酒并不像其他品牌商一样，讲段子，或励志的心灵鸡汤，而是依靠过硬的产品品质、丰富的内涵以及年轻化的基因，直达广大用户的心底。小郎酒的年轻化并不只流于表面功夫，而是将年轻化深植于品牌自身的创新当中。仅从产品的外观就可见一斑。其瓶身将赤橙黄绿青蓝紫各色拼叠在一起，炫彩的色泽搭配，让产品的"颜值"瞬间完胜市场上的其他同类产品。在定位上，完全顺应消费升级的趋势，走高端路线，为消费者提供高品质的产品；在消费场景方面，45°醇香口感，为高质量白酒消费提供了随性的饮用机会；在产品传播层面，将年轻化、有内涵的创意内容融入抖音短视频中，讲述"江湖小郎哥，酒好话不多"的品牌内涵，广泛吸引抖音平台用户的关注，并将平台用户最大化地转化为品牌用户。

小郎酒抖音营销取得的成功，并不仅仅在传播策略上取得了成功，而是从产品到宣传渠道，再到传播策略，整个链条上取得了巨大的成功。小郎酒已然成为白酒行业借助抖音平台开展营销活动、开拓年轻化市场的标杆企业。

创造好内容，遇见对的人

如今是流量为王的时代，谁拥有了流量，谁就掌握了整个市场的命脉。在众多品牌商与抖音平台牵手之际，品牌商要想在年轻人的世界里拥有话语权，就需要下一番功夫。网红、关键意见领袖、明星则具有很好的带货能力，借助他们的这种能力，将品牌产品植入抖音短视频内容中，可以为品牌商唤醒一大批流量。

然而，小郎酒却没有走这种网红、关键意见领袖、明星路线，而是选择了从年轻人对内容的"痛点"入手，并将品牌实力、品牌内涵、民间手艺人等融入优质内容当中，将文化、产品、技艺等完美融为一体,打造能够引爆年轻人情感的、兼具品牌核心思想的抖音短视频内容。这种品牌传播方式与传统的网红口播、硬性植入相比,更加巧妙,更加容易让人接受,并深入人心。

显然,小郎酒在用心为自己代言,用优质的内容传递品牌理念,深得广大用户的青睐。正所谓"确认过眼神,遇见对的人"。

在年轻的平台结交更多年轻人

几乎任何时代,消费主体都是年轻人的天下。小郎酒作为一种酒文化,往往受中老年人的喜爱。但如果仅仅面向中老年消费群体,显然就失去了大半壁"江山"。

在当前的互联网时代,开展营销活动,选择平台很重要。流量大、内容多样化、基因年轻化,是任何一个品牌开展营销活动所不能缺失的。小郎酒就是看中了抖音的年轻化特点,看中了抖音短视频内容形式的多样化,更看中的是抖音用户不仅仅是内容的消费者,更是内容的生产者的特点。因此选择与抖音联手,是小郎酒的明智之举。

小郎酒打造的挑战赛,门槛低,趣味性高,奖励多,再加上关键意见领袖的聚粉能力被最大化,这样的互动方式,深得年轻人的芳心,不但收获了丰富的用户参与,而且还获得了良好的社交口碑,让产品与年轻消费者之间建立起真正的情感关系。

为了成功吸引广大"抖友"积极参与挑战，小郎酒还专门推出了"参与有礼"活动，凡是参与互动，并配《离人愁》为背景音乐的用户，去小郎酒抖音主页点击官网就有赢得6瓶定制小郎酒的机会，每个ID限领一份，限量一万名。

纵观小郎酒抖音营销全局，小郎酒能够取得成功，完全是凭借自身的大胆尝试，借助与众不同的营销策略，打造形式多样化内容，刺激年轻用户参与到挑战赛中，与年轻人玩到一起，获得年轻人的追捧。小郎酒的这种抖音营销模式，为其他品牌的抖音短视频营销提供了成功的借鉴。

小米：玩转抖音营销套路，圈粉无数

小米作为一家互联网公司，一直以来都在手机行业扮演着领头军角色，能够在最短的时间、以最快的速度，凭借其敏锐的嗅觉发现全新的营销渠道，为公司创利。自从小米手机起家以来，都在走电商路线，并在社交平台上创造过惊人的成绩。

尤其是在2014年，首款红米Note手机在QQ空间首发上市时，总预约人数超过了1500万，创下了行业中的预约记录。这样的惊人成绩，在行业中也是屈指可数的。

然而，随着自媒体行业的进一步发展，抖音作为一种全新的社交自媒体平台，受到广大年轻用户的青睐。小米又将目光转投向抖音，并将推出的独立品牌红米Redmi系列首款新品放在抖音平台上发布。这种全新的平台推广方式对于小米而言，无疑是打开了一条全新的电商渠道。

事实上，在抖音之前，短视频广告推广模式已经非常成熟，抖音的出现为小米拓宽销售路径提供了最好的机会。小米借助抖音平台，充分发挥抖音平台的运营潜力，使得红米Redmi一炮而红，自身圈粉无数，并加速了商业变现。这些是同行业，乃至跨行业企业所羡慕的。由此吸引了各大手机品牌，乃至其他行业的品牌企业纷纷加入抖音运营当中，使得抖音成为品牌竞争的全新阵地，并以此吸引更多的用户，为品牌带来更多的产品销量。

或许，在不久的将来，在抖音上买卖产品会成为一种潮流和趋势，但就当前来看，小米抖音营销模式所取得的成功，在品牌抖音营销方面具有里程碑式的意义。

定位鲜明

任何时候，方向都要比努力重要很多。品牌要想借助自媒体平台为自身盈利，最重要的一步就是做好自我定位。

小米在寻找与抖音平台合作之前，同样第一步就是进行自我定位。小米给自己的风格定位为"脑洞大，还接地气的冷幽默工程师"风格。这一形象实际上是与小米品牌的调性高度契合的。

小米的定位十分鲜明，主打内容涵盖了花式技巧、搞笑段子、热舞改变、巧变魔术等；还将品牌IP化，通过构建人格化来塑造内容，以持续不断产生的内容，为品牌带来话题热度，以此吸引广大"抖友"的关注。

差异化内容，有趣有料有特点

抖音短视频，"短"字是其最显著的特点。这对于广大抖音用户来讲，可以很好地消磨其碎片化时间，在短时间之内就能找到自己感兴趣的内容。对于品牌商而言，要在短时间内向用户呈现出最精炼、最能留下深刻印象的内容，是其借助抖音开展营销活动过程中遇到的最核心的问题。

小米在借助抖音开展营销活动的过程中，借助差异化内容，使得抖音短视频内容有趣、有料、有特点。可见，小米在进行视频创作方面可谓是得心应手。纵观小米短视频差异化内容打造技巧，具体体现在以下几点（见图8-1）：

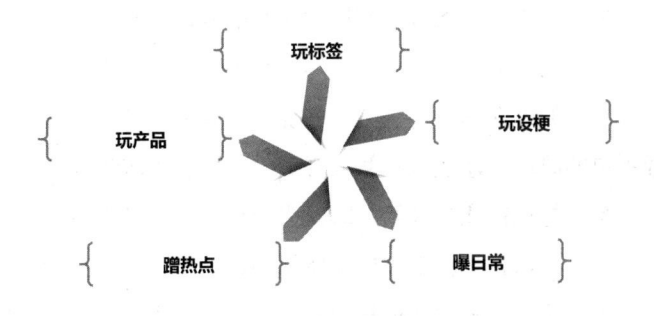

图8-1 小米打造差异化短视频内容的技巧

1. 玩产品

品牌商与抖音平台合作的目的就是进行产品宣传，达到营销目的。小米在借助抖音开展营销活动的过程中，将重点放在产品卖点上，以产品功能、亮点作为内容创作的创意点，用多样化的方式秀出产品。并且综合产品功能，创作出了很多与手机相关的干货教程，如"巧用手机镜面拍摄风景大片""如何使用手机慢动作模式拍出落叶漫天""如何教男朋友拍美照"等。这些实际上是通过对产品用途的挖掘，从而延伸并对产品功能进行"特写"，让广大抖音用户在学习与手机相关的干货教程的过程中，就能充分认识和了解产品。这是一种借助高趣味性、高差异化内容，达到展示产品目的的方法。

2. 玩标签

小米手机为了实现营销目的，在打造差异化内容的过程中，还通过打造连续性主题内容或活动，在用户心中形成一种深刻的品牌化标签认知。这就是一种典型的通过玩标签的方式，实现品牌营销。

3. 玩设梗

小米在打造每一条抖音短视频内容的时候，都会为视频设置一定的架构，分别是封面、内容、曝梗。这三步中，封面就像是一个人的外在形象，是不容马虎的，要制作精美才能抓住抖音用户的眼球，才能从短暂的视频内容中吸引流量并产生互动；内容的打造往往是开始的时候讲故事、讲段子；在最后一定有一个梗。这种架构下，前期所做的任何事情，都是为了埋梗做准备。正是这种"埋梗抖包袱"的方式，受到了广大"抖友"的喜爱。

4. 曝日常

小米在打造差异化抖音内容的过程中，除了产品质量、服务品质作为短视频内容，还会将消费者关注的企业文化融入短视频中，让广大抖音用户通过小米公司的日常生活展示，更好地了解小米公司的文化，更好地爱上小米。

比如：小米拍摄的"小爱同学月活跃设备超过3000万"庆典活动，向广大抖音用户展示小米公司的企业日常。

5. 蹭热点

热点内容往往是人们关注最多的内容。小米在蹭热点方面，也算是一把手。小米会选择一些时下人们的挑战赛、热门音乐，作为短视频创作内容，让内容具备更高的热度和曝光量，以提升差异化程度。

持续更新，高频互动

仅仅依靠打造差异化内容引流是远远不够的，还需要寻找更多的方法引起互动，实现持续引流的目的。

小米除了打造差异化内容之外，还通过其他方式全面吸引用户关注：

1. **持续更新内容**

小米推出的抖音短视频内容，并不是一次推出之后就坐等流量自己"到碗里来"，而是持续输出抖音内容，以收获用户、粉丝的持续性关注，在引流的同时，也能够保证已有流量损失的最小化。

2. **评论区高频互动**

小米为了加强用户黏性，还会经常在抖音评论区与粉丝进行趣味、高频互动，通过幽默、诙谐的语言表达方式，拉近与用户、粉丝之间的距离，让用户、粉丝与品牌"不离不弃"。

"官方号+个人号"，打造传播小矩阵

小米抖音营销能够取得成功还有一个重要方面，即"官方号+个人号"同步运作，打造传播小矩阵。

简单来讲，就是小米同时用两类账号运营：

一类是官方账号,如"小米手机",其走的是冷幽默工程师路线。

另一类是个人账号,即员工账号,如"小米员工的日常",这类账号主要是释放员工天性,走的是幽默搞笑路线。

这两类账号在打造内容的时候也各不相同。官方账号的内容重点是与产品相关。个人账号主要是打造生活化内容,更多的是体现企业文化的短视频。

总之,"官方号+个人号"同步运作,形成一个强效传播矩阵,为小米带来更好的品牌传播效果。

海底捞：借抖音零成本"病毒式"传播

通常，人们去饭店就餐，第一件事必定是拿着菜单点菜。然而，现在去海底捞吃饭的顾客，则一改往日的吃饭"流程"，反而是在入座后拿起手机，从抖音视频上寻找他们想要的菜品，"抖音同款"成为顾客在海底捞就餐的接头暗号。

海底捞与抖音这款"魔性"十足的短视频软件携手，为海底捞"解锁"了许多"新吃法"。

①油面筋酿鸡蛋

油面筋酿鸡蛋，这个吃法最早起源于"抖音海底捞吃法"。视频中，用户在海底捞点了一盘油面筋，点了一个鸡蛋；然后用筷子在油面筋上戳一个洞，将鸡蛋打散后，顺着这个洞将鸡蛋液倒进油面筋当中；之后再将整个油面筋下锅煮，等到油面筋漂起来的时候就煮熟了。此时，油面筋充分吸收了锅里的汤汁，看起来非常入味，吃起来口感细腻，就像是油面筋里包裹了一份炖蛋，口味非常鲜嫩爽口。

②牛肉粒番茄拌饭

这个创新吃法是海底捞服务员发的，后来被"抖友"发现，才在广大抖音用户中广为流传。只需点上一碗米饭，然后再撒上小料台上的五香牛肉粒，加上自己喜欢吃的各种小菜，如葱花、香菜等，最后再淋上一勺番茄锅底汤，这样一碗鲜香的牛肉粒拌饭就做好了。

③ "抖音"海鲜粥

将一碗米饭下入清汤锅当中，稍微煮一下，然后再将虾加入其中，并佐以小料台上的小菜、五香牛肉粒、酱油、盐等，熬煮二十分钟，即可成粥。

以上三种抖音创新海底捞吃法，对于广大消费者来讲操作简单，易于掌握，成本低廉，所以能被广泛模仿，成为"抖音"网红菜单，为海底捞做了一次很好的品牌宣传。海底捞借助抖音营销的方法也是显而易见的。

食材搭配简单易学，让顾客都能模仿

这几种抖音版的海底捞菜品，食材搭配简单，顾客只要在海底捞就能找到所需要的食材，很多都是从小料台上随手拿来的。这些创新菜品，不但搭配简单，人人可学，而且成本低廉，人人都能做出这样的美味，人人都能吃得起这样的美味，充分满足了人们对网红菜单的猎奇心，更收获了与以往在海底捞消费所获得的不一样的体验，且易于广泛传播。

重新组合后口味独特，让顾客有记忆点

出自抖音的海底捞网红菜单中，每种菜品都是以往消费者没有接触和食用过的，但食材却是唾手可得的，对这些食材进行重新组合后就能获得从未有过的独特口味。这样的菜品非常有新鲜感、新奇感，能够在顾客中形成强大的记忆点，让顾客在"自己动手丰衣足食"之后，对这些创新菜品难以忘怀，更难以忘怀的是这次与众不同的就餐体验。

在火锅店喝粥、吃牛肉饭，打破顾客认知

对于绝大多数人而言，他们眼中的海底捞是主打火锅的，只有吃火锅的人才会进来消费。而抖音与海底捞合作，推出的创新菜品，却从视觉上到认识上，打破了顾客原有的认知，即在火锅店也可以喝到美味的粥，吃到鲜香的牛肉饭。这样，使得那些参加聚餐却没胃口吃火锅的人，有了更多的餐品选择，想要养胃的顾客可以喝粥，想要吃饭的人可以吃牛肉饭。

及时把"抖音款"更新到菜单

在抖音上的创新吃法火了之后，海底捞还将这些网红菜品在门店及时更新，这样有顾客进来用餐时，海底捞的服务员会主动帮顾客进行抖音款搭配，在为顾客服务的同时，更满足了顾客的用餐需求。

兔耳朵帽子：卖萌神器借抖音传播，成火爆产品

如今，抖音已经不再是单纯的为用户带来娱乐的短视频平台，而是成为像淘宝、京东这类购物平台，为广大用户推荐更多好玩、好用的物件。

一款卖萌神器——兔耳朵帽子借助抖音平台一时间成了一款火爆产品。兔耳朵帽子是一款外观像兔子，一捏兔子脚，耳朵就会动的帽子。这款帽子毛茸茸、白花花的，非常可爱，不仅造型好看，还具有保暖作用，更能给人带来欢乐，价格也就在30~70元之间。尤其是冬天，适合年轻女性买来自己戴，也可以送给家里的小孩子玩。兔耳朵帽子的火爆，不但在明星签售会上，甚至在各种综艺节目上，都是出现频率很高的单品。

时下抖音上的卖萌神器有很多，为何这款兔耳朵帽子就能火爆呢？任何事情都是有因果的，没有无缘无故的成功，也没有无缘无故的失败，但凡在抖音上成功成为爆款的产品，都是有自己的营销策略的。

兔耳朵帽子在选择抖音做营销平台之前，做了很多前期准备。首先测试自身产品与抖音平台用户的对接度如何。如果对接度越大，则产品与平台之间的相同点则会越多，两者之间能

够合作成功的概率就越大。经过测试发现，抖音平台与兔耳朵帽子之间有两个方面是相同的：

1. 抖音用户绝大多数是年轻人，女性人数比男性人数多。
2. 在抖音平台上，有很多女网红，她们往往有一定的粉丝基础。

基于这两点，兔耳朵帽子发现其产品特点与抖音平台特点（即软萌、年轻）是非常相符的，如果两两合作必定能够为自身增加更多的商业机会。因此，选择抖音平台作为其拓宽市场的重要基石。

借助网红、明星效应

粉丝是抖音运营中必需的一个群体，对于品牌商而言，没有粉丝就没有流量，不会有成功的抖音运营，更不会有销量。因此，任何品牌、任何形式的抖音运营都需要建立在庞大的粉丝规模基础上。对于网红而言，其获得粉丝的方式自然要多一些。

兔耳朵帽子发现：抖音平台上有很多已经靠自身能力打拼的网红，她们凭借自身魅力和能力成功将抖音用户转化为自己的粉丝，受到粉丝的喜爱和追捧。同时，明星本身自带明星光环，无论走到哪里都有狂热追逐的粉丝，可谓"走到哪里哪里亮"。因此，兔耳朵帽子借助抖音网红、明星的力量，为自己的品牌做宣传。

戚薇、欧阳娜娜、杨幂、吴谨言等明星纷纷戴上兔耳朵帽子，边做表情，边玩兔耳朵帽子，俨然一副邻家少女的可爱形象，给广大用户和粉丝留下一种调皮、平易近人的印象，让广大抖音用户路转粉，让原本的粉丝转为铁杆粉。与此同时，也让用户和粉丝爱屋及乌，喜欢上了这款可爱的帽子。

具体而言，在抖音短视频中，网红、明星们直接戴上兔耳朵帽子，并做各种甜美、可爱的表情和表演，这样网红、明星原本的魅力再加上可爱的兔耳朵帽子，就使得其形象更加可爱、软萌。广大抖音用户也因此更喜欢网红、明星，并对网红的这款可爱的兔耳朵帽子的购买渠道产生浓厚的兴趣。可以说，兔耳朵帽子为网红、明星打造了可爱的形象，增加了粉丝量，而网红、明星又反过来为兔耳朵帽子进行代言。这种方式是一种全新的营销方式，可以为品牌商有效聚集粉丝，从而形成大规模的用户群，有效提升销售转化率。

在母婴专号上投放

兔耳朵帽子还根据自身的特点和用户范围，将目光投向了母婴领域。因此，选择母婴专号进行投放，以此吸引广大用户的目光。

一方面，母婴专号上聚集的大多是女性，而且是较年轻的准妈妈，或者新妈妈。她们往往是年轻化群体，能玩得开、玩得来，依然有一颗年轻的少女心，对这种可爱的神器玩具自然发自内心的喜爱。

另一方面，母婴专号上聚集的粉丝，是母爱满满的女性，她们更加关注孩子当下和未来的成长,希望能够创造更多、更好的条件,给自己的孩子带来欢乐。兔耳朵帽子恰好因为其耳朵会动,而具备娱乐"气质",能够给人们带来欢乐。在母婴专号上投放,可以达到精准投放的目的,进而实现精准营销。

总而言之,兔耳朵帽子作为一款卖萌神器,不仅受到广大女性的青睐,而且是小孩子"玩嗨"的神器。所以,在母婴专号进行投放,是最好的选择。

设定情景剧,对产品形成有效记忆

有情景的内容才更容易吸睛,才更容易在人们的脑海中烙下深刻的记忆。兔耳朵帽子深谙这个道理,因此在打造抖音短视频内容时,进行了精心策划,设定一定的情景剧,让广大抖音用户在看情景剧的过程中,对兔耳朵帽子形成一定的视觉记忆。

"环球萌圈"推出的一则抖音短视频,其内容是:在黑乎乎的晚上,全家人都安静地即将进入梦乡,用户正好撞到自己的爸爸偷偷玩自己的兔耳朵帽子,而用户偷偷地拍下了爸爸这可爱的一幕。然而,在偷拍的过程中被"爸爸"发现。此外,还配上"心里住着小公主"的文案,让整个短视频内容在诠释"爸爸可爱"的一面,同时也烘托出兔耳朵帽子人见人爱的一面。

这样的情景剧,有场景,有人物,有故事情节,虽然视频内容很短,却用十分生动的情景画面,将完整的故事情节呈现出来,有效烘托出兔耳朵帽子受青睐程度,使得用户更好地记住产品。

有不少人认为,网红、明星能够影响人们的购买欲望,的确如此。但并不是所有的购买欲望都只能靠网红、明星影响。如果能够打造好的情景剧,能够有普通人参与其中,通过普通受众去影响更多的人,同样可以产生良好的营销效果。

茶言麦语：行走在抖音上的"表白茶"

在抖音平台上，有一款名为"茶言麦语"的新兴茶饮品牌，在借助"表白"特征的基础上，迅速蹿红，成功吸引众多食客在线下抢购。

那么这款叫做"茶言麦语"的"表白茶"究竟是什么样的呢？如何用一杯茶实现"表白"呢？这杯神奇的茶是怎么做到的呢？

其实秘密就隐藏在"茶言麦语"的杯盖上，只要掀开其杯盖上的蝙蝠形状封条，就可以看到一条条十分暖人的正能量文案。这些文案正是"茶言麦语"成为茶饮行业网红的助推剂，帮助"茶言麦语"表白成功，实现市场的迅速扩张。从"茶言麦语"的发展趋势来看，2018年其持续扩张速度稳步提升，并在茶饮行业形成了较为稳定的市场格局，因此可以将2018年看做是其"扩张年"。

"茶言麦语"能借助抖音平台一举成为"网红茶"，重要的"功臣"就是其"表白功能"。"茶言麦语"在对其"表白功能"进行设定的时候，除了注重强调产品本身的原料与口感之外，还赋予其更加丰富的内涵，即可以用来表白。

这里以深受广大消费者青睐的极品锡兰重塑奶茶为例。极品锡兰重塑奶茶的原材料十分考究，选用的是产于斯里兰卡的极品锡兰茶叶。由于受到当地气候特点的影响，斯里兰卡的锡兰茶在饱受云雾滋养之后，香气变得更加清新持久，在将茶与奶融合交织在一起之后，便形成了一种独有的浓郁风味。但让消费者难以忘怀的，除了这种浓郁的风味之外，还有其茶杯上的那些暖人的文字，那些对恋人、兄弟、闺蜜、爱豆，以及自我深情"表白"的文字——"恋人·想说有你真好""兄弟·以真诚的拥抱""自我·是特制的米酒""闺蜜·有共享的秘密""爱豆·是心中的信仰"表达五种不同关系和态度，说出真心话，分享新生活。从消费者需求出发，制造新鲜噱头，制造营销热点，在保留传统茶饮包装的基础上，通过品牌诉求，满足消费者的情感需求，让消费者在品尝浓郁美味饮品的同时，更能从这些文字中挖掘到与众不同的亮点。

以上就是"茶言麦语"实现"表白"的方法。在借助抖音平台运营和开展营销活动的过程中，"茶言麦语"也自有一套行之有效的策略。

打造表白场景，让产品走进用户的内心

作为茶饮界里的新秀，"茶言麦语"在抖音上走红并不是偶然的，而是经过一系列精心策划的。"茶言麦语"通过让人出其不意却极为"接地气"的方法，让自己在抖音平台上彻底走红。而其走红的关键在于"表白场景"的打造。

如今是场景化营销时代，对于餐饮业来讲，充满了挑战，但却孕育着机遇。"茶言麦语"抖音营销，借助抖音短视频打造表白场景，并围绕以下两方面入手：

1. 抓住用户需求

通常，人与人之间在真正表达自我情感的时候，往往会因为内敛、羞涩而难以启齿。然而文字则是化解这种尴尬，表达自我情感的最好方式。这也正是众多消费者表达自我情感的一种需求。

"茶言麦语"在打造抖音短视频时，十分注重场景的打造。

以向恋人表白为例。"茶言麦语德庆店"在打造向恋人表白的场景时，在案几上摆上蓝色玫瑰，制造一种浪漫的氛围。而蓝色玫瑰的花语则是"暗恋你，却又开不了口"，换句话说就是"爱在心头口难开"。这样就更能表达出顾客对爱恋对象心怀一种珍爱之情。在这样的氛围下，推出写有"520·I love you""七夕节""爱心表

图8-2　"茶言麦语"打造的满足用户需求的表白场景

白"的文字，瞬间让整个产品融入向恋人表白的氛围当中。这样就满足了众多想要表白却羞于用话语表白的用户的需求，吸引了他们的关注，使产品基于场景而受到消费者的青睐（见图8-2）。

2. 形成社群自传播

"茶言麦语"这种与众不同的表达自我情感方式，吸引了广大抖音用户的目光，并且给生活中那些内敛、羞于表达自我情感的人们提供了一种表达自我情感的渠道。他们在看过抖音短视频之后，如果希望通过这种方式表达自己的内心情感，就自然会寻找"茶言麦语"实体店铺场景去体验和参与互动。当他们表白成功后，自然也会向自己周围的人传播、推广品牌，进而形成所谓的社群自传播，让独特的消费体验成为一种被群体认同的生活方式。

显然，表白场景的构建，让产品走进用户的内心，吸引了很多人参与、模仿，进行互动，同时也为表白提升了成功概率，更重要的是形成社群自传播，为品牌提升了曝光率。

以茶为媒，唤起了消费者的情感共鸣

古人有"喝茶论道"之说，显然，喝茶还承载了一种社交属性。"茶言麦语"作为一种普通的茶饮品牌，同样表现出其特有的社交属性，甚至被人们认为是"一种灵魂的呐喊"。所以"茶言麦语"在打造抖音短视频内容时，借助一则"在每一个难以启齿的时刻，献给每一个不善表达的你"的文案。以茶

为媒，成功唤起了消费者的情感共鸣，让人们纷纷想去店里体验这么一杯更具情感色彩的茶。

目前，"茶言麦语"是抖音平台上玩得最火热、最吸引年轻消费群体的茶饮品牌。它借助抖音拉近了与消费者之间的距离，使得消费者形成了较强的品牌认知，用特有的社交方式向更多的消费者传递其品牌内涵。这些都是其他品牌、商家值得学习和借鉴的。